단 10초만에 고객의 심리를 간파한다!

비즈니스 얼굴분석심리
Business Face Analysis Psychology

비즈니스 얼굴분석심리

초판 1쇄 발행 2022년 8월 5일

지은이 홍창준, 김수아
펴낸이 장길수
펴낸곳 지식과감성#
출판등록 제2012-000081호

교정 양수진
디자인 이현
편집 이현, 이은지
검수 이혜지, 이현
마케팅 고은빛, 정연우

주소 서울시 금천구 벚꽃로298 대륭포스트타워6차 1212호
전화 070-4651-3730~4
팩스 070-4325-7006
이메일 ksbookup@naver.com
홈페이지 www.knsbookup.com

ISBN 979-11-392-0582-4(03190)
값 23,000원

• 이 책의 판권은 지은이에게 있습니다.
• 이 책 내용의 전부 또는 일부를 재사용하려면 반드시 지은이의 서면 동의를 받아야 합니다.
• 잘못된 책은 구입하신 곳에서 바꾸어 드립니다.

지식과감성#
홈페이지 바로가기

단 10초 만에 고객의 심리를 간파한다!

비즈니스 얼굴분석심리
Business Face Analysis Psychology

말하는걸 좋아함

구매욕구 80%

사교심리 30%

심리성향 매우급함

공저
홍창준 / 김수아

집필연구위원
김아인 / 송영기
박상태 / 한송빈
문미선

EBS뉴스, EBS멘토, KBS당신의 여섯시, KBS사랑의 가족 등 출연
〈얼굴분석행동심리학〉 창시자 홍창준교수의 대국민 성공 프로젝트

최단기 성공을 원한다면 이 책을 100번 읽고 훈련하라!

KBSN주최 AT센터 심리분석도구로 극찬받은
〈얼굴분석행동심리학〉의 비즈니스 가이드북!

얼굴분석행동심리학회
공식 추천도서
F.A.B.P.S

지식과감정#

머리말

어릴 적부터 가장 궁금했던 건 "지금 생각하고 있는 나는 누구일까?" 하는 것과 "어차피 죽을 시한부 인생인데 왜 사는 거지?"라는 것이었다. 분명 학교에서는 태양이 훨씬 크고 달은 매우 작다고 배웠는데 왜 내 눈에는 두 개가 똑같이 보이는 건지도 이해가 되질 않았다. 그 당시에는 컴퓨터도 없었거니와 TV도 거의 없던 시절. 누구 하나 제대로 가르쳐 주질 않았다. 이 세상 모든 것들이 궁금증투성이의 미스터리 세상이었다. 세상을 알기 위해 아버지 서재를 기웃거리며 과학 서적과 『김찬삼의 세계여행』 시리즈를 줄기차게 보았고, 몸을 알고 싶어서 『생리해부학』 책을 들여다보았다. 어릴 적부터의 호기심은 자연적으로 관련 지식의 습득으로 이어졌고, 그것이 쌓이고 쌓이다 보니 사람의 존재를 온전히 이해하게 되었다. 우주 속에 티끌이 있고, 티끌 속에 우주가 있다는 말처럼. 모든 지식이 퍼즐처럼 맞추어지니 궁금증들이 하나하나 풀렸다. 왜 사람이 이렇게 생겼고 무슨 생각을 하고 있는지도.

세상의 흐름을 알고자 사주명리학과 점성술 책을 들여다본 게 43년 전의 일이다. 관상학과 인상학, 독심술, 최면술, 타로 등등 서점에 있는 모든 관련 서적들을 사들여서 미친 듯이 몰입해 공부했다. 학교 공부는 전교 꼴찌였으나 독서량은 전교 1등이었다. 뭔가 상장을 받을 때는 우등상이나 개근상이 아닌 항상 다독상이었으니까. KBS 원로이신 스마트한 박사 아버지를 모셔서 참 다행이었다. 책 보고 궁금한 것은 무엇이건 다 알려 주시는 분이셨다. 지금 86세의 고령이심에도 끊임없이 공부하시고 연구하신다. 장황하게 필자의 살아온 이야기를 한 이유는 무엇일까? 혹여 이 책을 읽고 어설픈 관상쟁이 아류 정도로 치부하는 이가 없을까? 하는 생각에서다. 얼굴분석심리를 연구하며 가장 중점을 둔 건 바로 '뇌'와 '근육'이었다. 나와 너를 알기 위해 '뇌'를 알아야 한다. 뇌는 세상을 읽기 위해 눈을 포함한다. 눈의 움직임만으로도 심리를 읽을 수 있는 걸 아시는지? 홍채와 모양체근의 움직임, 상안검거근과 안륜근의 조화, 추미근과 비근근의 조합으로 인한 심리 변화 등등. 굳이 말과 행동을 분석하지 않아도 이미 얼굴의 일부에서 심리와 행동 변화를 정확히 읽어 낼 수 있다. 관상학을 포함하고 있는 얼굴분석심리는 동서양의 관련 학문을 총망라하고 있다. 통계학적인 방법으로 심리추론을 하여 사람의 의사결정, 성향, 건강, 사교성, 인맥, 재능, 운동능력 등을 알 수 있으며 이를 종합적으로 판단한 결과치에 인상학적 상담을 첨가한다. 좋은 건 넣고 나쁜 건 빼야 명품이 탄생하듯 '얼굴분석행동심리학'은 다양한 학문의 엑기스를 첨가하였고, 미신에 가까운 의미 없는 데이터는 과감히 버렸다. 인생이 운세에 의해서만 결정된다면 굳이 노력해서 무얼 할까?

이 책은 얼굴분석행동심리학의 한 과목에 불과하다. 학생들을 가르칠 때 다들 먹고살기 힘든 것을 생각하여 만들어 낸 콘텐츠. 성공을 위해, 생업을 위해 『비즈니스 얼굴분석심리』를 선택했다면 목숨 걸고 공부하시길. 대충 해서 안 되면 남 탓만 하고 연장 탓하기 마련이다. 하나하나 공부하고 복습하고 훈련해서 실생활에 활용해야만 한다. 인맥을 만드는 것도 습관이 필요하고, 얼굴을 분석하는 것도 습관이 필요하다. 음식점에 가서도 주변을 둘러보면 참 다양하게 생긴 사람들을 보고 관찰할 수 있다. 그러한 습관이 수백, 수천, 수만 명 이상 누적된다면 이미 당신은 한번 보고 상대방을 다 알아 버리는 경지에 이를 것이다. 『비즈니스 얼굴분석심리』는 5단계 얼굴분석법 중에서 1단계의 초보적 수준을 제시했다. 가장 눈에 띄는 지배 부위를 인식하여 부분해석을 하는 방법이다. 2단계는 황금공식에 의해 연관된 여러 부위를 조합하여 분석하는 법, 3단계는 선천적인 부위와 후천적인 부위의 조합분석법, 4단계는 이미지메이킹과 함께 상생상극의 컬러나 의상 또는 액세서리 등을 조합하여 분석하는 법, 5단계는 가족이나 조직 또는 회사나 국가의 전체 흐름을 읽어 내는 거시적 조직분석법이다. 1단계가 초보단계라 하여 이 책을 가볍게 보지는 말자. 특정 부위 한두 군데만을 읽어 내는 것도 정확도 80% 이상은 될 테니 말이다. 암기하려 하지 말고 얼굴의 조화를 깨달아야 한다. 그리하면 더욱 성장하고 발전하는 자신의 모습을 보시게 될 것이다.

마지막으로 항상 내게 힘을 주시는 하나님께 영광을 돌리며, 지식을 주시는 아버지, 지혜를 주시는 어머니와 가족형제에게도 감사드리고 건강을 기원한다. 대학교에서 조교로 열심히 뛰어 주고 교수의 역할도 충실히 해 준 공동저자 김수아 교수에게 응원의 박수를 보내며, 보다 알찬 집필을 위해 함께 연구하고 힘을 모아 주신 얼굴분석행동심리학회의 김아인 부회장, 송영기 부회장, 박상태 고문, 한송빈 이사, 문미선 연구위원께 고개 숙여 감사의 말씀을 드린다. 박진규 고문, 조덕구 고문과 여러 학회 임원님들께도 축복과 감사의 말씀을 전한다.

홍창준

머리말

누군가의 속마음이 간절히 알고 싶을 때가 한두 번이 아니었다. 특히, 연애시절은 더욱 간절했다. '저 남자의 속마음은 도대체 뭘까! 날 정말 사랑하는 것일까?' '바람은 안 피우겠지!' 등.

비단, 나만의 경험은 아닐 것이라 생각한다. 특히 말 안 하고 입만 내밀고 눈만 깜빡깜빡이는 아이들을 보고 있으려면 답답하고 난감한 경험 등. 한 번에 상대를 그것도 쉽게 알아볼 방법이 없을까 하고 늘 고민하던 차에 시작된 공부들.

새, 나무, 집도 그려야 하고, 네모, 세모, 동그라미 등의 도형도 그려야 하고 아니면 긴 질문에 답을 해야 하는 등 시간도 소모되고 게다가 눈치 못 채게 상대를 파악하기는 쉽지 않았다.

한마디로 '나는 널 알고 싶어'라는 나의 속뜻이 들켜 버리는 데다 성격 급한 나와는 맞지 않았다. 바로 보고, 그 자리에서 데이터가 술술 나오는 자연스러운 대화 속에서 자연스럽게 상대를 알 수 있는 학문 말이다. 그러던 차에 간절함이 날 이끌어 '얼굴분석행동심리학'이란 학문을 만나 공부를 하게 되었다. 관심을 끌기에는 수월했지만 공부를 하면 할수록 혼란스러움이 찾아왔다. 나도 모르게 관상으로 사람의 얼굴을 보고 길흉화복을 점치는 관상가에 머물러 있더라는 것이다. 처음 접해 읽으시는 분들은 '이건 관상이네' 하고 치부해 버릴지도 모른다.

하지만, 10번은 꼭 읽어 보시길 권한다. 적어도 관상과 무엇이 다르고 무엇이 비슷한지를 알 수 있었으면 하는 것이다. 책 내용에 관상과의 차이점이 잘 소개되어 있으니 반드시 알았으면 한다. 마지막으로 이 책을 통해 상대를 읽기보다는 나를 먼저 알았으면 하고, 나조차 제대로 들여다보지 못하면 남도 제대로 들여다볼 수 없게 되고 좋은 점보다는 나쁜 점들만 읽으려고 하게 된다는 것이다. 이건 나의 경험이다. '사촌이 땅을 사면 배가 아프다고 하지 않는가!'

좋은 생각에서 예쁜 말이 나오고 바른 행동이 나오는 것처럼 우리 얼굴 또한 좋은 생각으로 인해 바른 얼굴로 아름다워지는 것은 모두들 알고 있을 것이다. 삶의 흔적이 얼굴에 나타난다고들 하지 않는가! 얼굴은 우리의 내면을 나타내 주고 표현해 주는 쇼윈도 같은 곳이다. 나의 얼굴을 하루에 몇 번이나 보겠는가? 나보다 나의 얼굴을 많이 보는 것은 상대! 미러 효과라는 말이 있다. 상대방의 얼굴에서 내 얼굴을 볼 수 있다는 것을 잊지 말기를….

마지막으로 실력이 부족함에도 함께 공저할 수 있게 해 주신 홍창준 교수님께 감사드리며, 이 책을 통해 많은 이들이 아름다운 생활에 많은 도움이 되었으면 하는 바람이다.

김수아

CONTENTS

홍창준 교수 머리말　4
김수아 교수 머리말　8

챕터 1　얼굴분석심리 기초이론　17

1. 얼굴분석행동심리학의 이해・18
　1. 얼굴분석행동심리학의 정의・18
　2. 얼굴분석과 관상학의 차이・19
　3. 심리유형분석과 길흉분석 도구・22
　　1) 자가심리 테스트・22
　　2) 점술에 의한 심리・22
　　3) 신체 고유데이터 통계분석・23
　4. 첫인상과 선입견・24
　　1) 첫인상이란?・24
　　2) 선입견・25

2. 얼굴의 기능과 역할・27
　1. 몸의 건강상태를 보여 주는 기능・28
　2. 신체 열관리를 위한 방열판 기능・29
　3. 뇌의 심리(감정)상태를 보여 주는 기능・31
　4. 오감행복을 느끼게 하는 기능・32
　5. 정보를 입력해 주는 기능・34

3. 얼굴분석행동심리학의 기초 학문 · 36

    1. 피부분석 · 37
    2. 뇌교육/호르몬 · 38
    3. 얼굴표정학 · 39
    4. 형상의학(망진) · 40
    5. 사진/영상학(PV분석) · 42
    6. 아동학/다중지능이론 · 43
    7. 인체해부학 · 43
    8. 관상/인상학 · 44
    9. 행동심리학 · 45
    10. 섹슈얼/웨딩 얼굴분석 · 46
    11. 미녀 황금공식 · 48
    12. 마이크로 익스프레션 · 49

4. 비즈니스와 얼굴심리 · 51

    1. 비즈니스 얼굴분석심리란? · 51
    2. 과대과장광고와 사기꾼이 많은 이유? · 54
    3. 사람과 비즈니스의 상관관계 · 56
    4. 옥시토신 표정 세일즈의 비밀 · 59
    5. 얼굴을 바꾸면 인생이 바뀌는가? · 61
        1) 남자가 성공하는 얼굴상으로 바꾸었을 때 · 61
        2) 여자가 사랑받는 미녀 얼굴로 바꾸었을 때 · 62
        3) 여성이 미녀이면 비즈니스 신뢰성이 높을까? · 62

챕터 2 해부학적 심리기반 이론　　63

1. 형태비례학 · 64
　　1. 얼굴의 3등분(삼정론) 형태비례 · 66
　　2. 이마의 형태비례 · 67
　　3. 미간의 형태비례 · 68
　　4. 코와 귀의 형태비례 · 69
　　5. 머리 폭과 눈의 형태비례 · 70
　　6. 입 폭의 형태비례 · 72
　　7. 머리와 키의 형태비례 · 74
　　8. 코의 폭 형태비례 · 76
　　9. 입술의 비례 · 77

2. 얼굴 십자계측선 · 79
　　1. 얼굴 십자계측(計測)선이란? · 79
　　2. 수평계측선의 기준 · 80
　　3. 수직계측선의 기준 · 81
　　4. 얼굴 십자계측선 · 82
　　5. 얼굴 측면계측선의 기준 · 83

3. 주요 심리표정근 · 85
　　1. 심리표정근이란? · 85
　　2. 주요 표정근과 심리 발현 · 87
　　　　1) 전두근 · 88
　　　　2) 추미근, 비근근 · 88

3) 안륜근 • 89
   4) 비익상순거근, 상순거근 • 90
   5) 대관골근, 소관골근 • 91
   6) 구륜근 • 91
   7) 구각하제근 • 92
   8) 이근, 하순하체근 • 93
   9) 그 밖의 표정근 • 94
 3. 주요 얼굴 부위 용어 • 94

챕터 3 비즈니스 심리분석 테크닉 101

1. 누구나 쉽게 활용하는 기본 분석법 • 102
  1. 특정 구분에 의한 유형분석법 • 102
    1) 젠더(Gender) 4분류 분석법 • 103
    2) 삼형질(S.T.C) 3분류 분석법 • 106
  2. 지배 부위를 찾는 부분분석법 • 109
    1) 눈이 큰 고객(내담자)을 만났을 때 • 110
    2) 비순각이 높거나 낮은 고객(내담자) • 111
    3) 입술이 두껍거나 웃을 때 잇몸이 나오는 고객(내담자) • 112
    4) 아래턱이 들어간 고객(내담자) • 114
    5) 금갑(콧망울)이 옆으로 퍼진 코의 고객(내담자) • 115
    6) 하삼백안(눈동자가 위로 올라간) 고객(내담자) • 117
    7) 두꺼비볼 처짐 고객(내담자) • 118
    8) 입술(치아)이 튀어나온 고객(내담자) • 120

9) 법령(팔자주름)이 깊은 고객(내담자) · 121
　　10) 눈썹뼈가 튀어나온 남자고객(내담자) · 123
　　11) 입꼬리(구각)가 내려간 고객(내담자) · 124
　　12) 미간이 넓은 고객(내담자) · 126
　　13) 미남미녀의 호인형 고객(내담자) · 127

2. 빠르게 리딩하는 캐리커처 스피드 얼굴분석 · 129

3. 단체 조직의 성공을 위한 조직분석 · 132
　　1. 리더와 팔로워를 구분하라 · 134
　　2. 개개인의 열정과 집중력을 분석한다 · 135
　　3. 상생의 협업능력과 친화력을 분석한다 · 137
　　4. 전체 조직의 얼굴 성향 흐름을 파악하자 · 138
　　5. 전체는 흐름을, 액션은 팀별로 · 140

4. 컨설팅 체험사례 · 142
　　1. 다급하게 찾아온 M 사의 임원 · 142
　　2. 보험사 A 씨의 가족 컨설팅 사례 · 144
　　3. 어느 네트워크마케팅 사업자의 성공스토리 · 148
　　4. 어느 젊은 불법 다단계 청년 이야기 · 151
　　5. 눈물의 반딧불이 프로젝트 · 153
　　6. 밥 사 주니 계약서에 사인하는 사업가 K 씨 · 157

부록: 셀프 얼굴분석 진단표 · 161

Business Face Analysis Psychology

챕터 1
얼굴분석심리
기초이론

1

얼굴분석행동심리학의 이해

1. 얼굴분석행동심리학의 정의

얼굴분석은 이목구비미, 표정근 긴장, 피부층의 분석, 주름 분석, 치아 분석, 행동 분석 등을 통해 내담자의 심리, 행동 결정, 미래 예지, 범죄성향, 가족관계, 사업대처능력, 다중지능, 건강, 직업군 등 거의 모든 것을 정확하게 분석할 수 있는 현대 심리통계학의 일종이다.

MBTI, 에니어그램 등의 문항지 테스트에 의한 유형분석도구가 아닌 있는 그대로의 얼굴과 이미지, 행동 등을 보고 분석하여 심리성향과 근골격계, 내분비계, 뇌 상태, 건강상태, 다중지능분석, 길흉분석 등 많은 것을 즉시 알아낼 수 있는 신개념 심리분석도구이다. 면대면, 사진 분석, 영상 분석, 몽타주 그림분석 등의 다양한 방법으로 시간과 장소에 구애받지 않고 코로나시대에 누구나 편하게 상담 받을 수 있는 언택트 카운슬링이 될 것이다.

2. 얼굴분석과 관상학의 차이

　관상은 중국에서 수천 년 전부터 내려오던 얼굴을 통한 길흉판단의 도구로 삼았다. 어떻게 생긴 사람은 어떤 운명을 가지고 살아간다는 식의 호불호에 대한 관념이 강하다. 마의상법, 유장상법, 면상비급, 달마상법 등 수많은 관련 고서들이 존재하고 이를 경전처럼 받아들이며 여과 없이 관상에서 사용하게 된다. 얼굴분석심리는 얼굴을 본다는 점에서 관상과 동일하다. 하지만 관상은 운명을 보는 관점인 것에 반해 얼굴분석심리는 심리성향 분석이 최우선이다. 동양의 관상학의 최대 단점은 해부학이 서양에 비해 덜 발달했다는 것인데 이로 인해 뇌교육, 호르몬, 근골격 등의 신체 내부에 대한 연구와 데이터가 매우 부족했다. 반면 서양에서는 해부학이 발달되어 사람의 내부로부터의 문제 해결로 연구가 진행되었다. 관상이 밖에서 밖을 보는 관점이라면, 얼굴분석심리는 안에서 밖을 보는 관점이다. 몸과 얼굴의 내부에서부터 외부의 얼굴로 결과가 도출되는 것을 연구한다. 예를 들어 얼굴은 표피와 진피, 피하지방과 표정근 등으로 덮여 있으며, 안면골격과 뇌 등으로 인해 형태와 변화가 정의된다. 뇌의 상태로 인해 감정이 생겨나고 그것이 표정근에 영향을 미쳐 근육층이 긴장하게 되면 피부 표면적이 줄어들어 주름이 생기게 된다. 결국 뇌의 변화와 상태를 얼굴로 확인하는 셈이다.

　보통 사주팔자나 관상, 타로 등을 보며 신년 운세를 보는 분들이 많다. 그만큼 미래에 대한 호기심과 기대를 갖고 있다는 뜻이기도 하다. 특히 '사주'는 사람의 생년, 생월, 생일, 생시의 네 가지(네 가지 기둥에 여덟 글자라 하여 '사주팔자'라 함)로 이루어진 음양오행 원리를 적용하여 운명을 해석하는 매우 깊은 학문이다. 그래서 명리학이라 부른다. 일반인들이 다가갈 수 없는 미래를 보기 위한 학문이므로 학식과 지혜가 풍부한 사람만이 마지막 단계의 학문으로 공부한 분야이다. 명리학에서의 명리(命理)는 '하늘이 내린 목숨과 자연의 이치'라는 뜻이다. 암기가 아닌 이해를 하면 얼굴분석이든, 사주든, 관상이든, 타로든 세상과 자연과 사람의 인생사 이치를 깨닫게 된다.

  필자는 어릴 적부터 일본의 인상학과 중국의 관상학, 사주, 타로, 점성술, 최면심리학 등을 깊이 공부하여 미래를 보는 거시적 안목을 갖고자 했다. 그러던 중 동양 의술과 서양 의술의 지향점이 다르듯 동양의 관상학과 서양의 해부분석학이 서로 다르며 상호보완적이라는 사실을 깨닫게 되었다. 동서양의 학문을 합치면 보다 완벽한 접점이 발생하고 이해 안 되던 부분들이 모두 해석이 되어 가는 걸 알게 된다. 현대에 맞지 않는(체형 변화와 생활문화 등에 의한) 잘못된 관상학의 해석오류를 필터링하고 몸 밖에서 보는 것이 아닌 몸 내부(뇌, 호르몬, 근골격계 등)에서부터 보는 시야로 연구하고 발전하게 된 것이 바로 '얼굴분석행동심리학'이다.

  관상이 매우 오래전에 연구된 학문이라 하여 비과학적으로 치부해서도 안 된다. 서양에서는 두개골을 연구하는 골상학이 발달하는 동안 동양에서는 안면을 연구하여 신체의 건강과 심리를 따져서 길흉을 판단하였으니 좀 더 체계적인 임상결과만 나와 줬다면 보다 나은 얼굴의 자료로 남게 되었을지도 모른다. 얼굴을 분석하게 되면 심리성향 분석과 함께 형태와 비대칭성을 보고 건강을 파악하는 형상의학(망진)의 분석도 가능해진다. 이에 확장 개념으로 길흉분석의 관상학적 요소도 배제하지 않고 받아들였다.

얼굴분석 행동심리학	VS	관상학
얼굴(안면)/두대골/행동/음성	주요 해석부위	얼굴(안면)
동서양의 얼굴관련논문, 자료 총망라	기원과 역사	중국 관상학 고서 (마의상법 등)에 의존
심리 건강분석의 기준으로 〈상담컨설팅〉 활용	해석주체	길흉화복의 기준으로 〈점술〉 활용
뇌교육학, 상담심리학, 얼굴표정학, 생리해부학, 호르몬학, 피부학, 광학영상학, 마이크로 익스프레션, 얼굴생성추론학, FST운명에너지학, 형상의학, 인상학, 행동심리학, 음성분석학, 형태비례학 등	기반 학문	마의상법, 유장상법, 면상비급, 달마상법 등의 중국관상학 고서 기반
안면골, 두개골, 표정근, 피부학, 시기해부학 등의 인체해부학적 해석	해부학적 해석	해부학에 근거하지 않은 외형적 해석 (동양은 해부학이 발달하지 않음)
적음(소수 전문영역에서 활동)	전문가 희소성	매우 많음(점집, 철학관 등)
평생 지속이 됨	재상담률	대부분 1회성으로 끝남
현대적 통계학	통계학적 근거	구전된 자료, 고서에 의존
부모, 세일즈맨, 강사, 기업체, 임원, 보험설계사, 방문판매종사자, 다단계판매업종사자, 교사 등	강의 수강대상	평생교육원 일부 관심이 있는 사람
기독교, 천주교, 불교인 등 종교와 무관한 수강, 교육자, 기업체, 사회단체 등 누구나 거부감 없이 배움.	접근성	불교, 무속인 등이 많이 배움

3. 심리유형분석과 길흉분석 도구

1) 자가심리 테스트

대부분 설문지 작성에 의한 심리분석이 성행하고 있다. 오랫동안 성실히 작성한 후 결과 내용을 보고 잘 맞았다며 신기해하시는 분들도 많다. 하지만 이는 자기가 선택한 문항들에 이미 셀프로 심리성향을 입력하는 작업이다. 그것을 분류하여 성향을 유형으로 나눈 것이 설문 형식의 심리도구들 특징이다. 다만, 내담자의 환경, 심리상태에 따라 결과가 상이하게 나오는 경우가 있기 때문에 삶의 시기적으로 변동성이 있다고 할 수 있다. 그림을 통한 심리분석 또한 내담자가 자기의 심리를 그림으로 표현하기 때문에 그것을 상담가가 리딩하여 해석하는 것으로 판단하면 된다. 결국 내 심리를 상담가에게 미리 보여 주는 형식이다.

2) 점술에 의한 심리

철학관이나 점을 보는 곳에서는 사주, 타로, 오방기 등 여러 가지 방법들을 써서 종합적으로 판단하기에 무시할 수 없는 결과가 나온다. 사주와 관상은 중국에서 형상의학과 같이 연구되어 내려온 학문이라 수천 년의 역사가 있는 만큼 통계적으로도 수긍할 수 있어야 한다. 단지 점괘 치는 도구로만 치부해서는 안 된다는 것이다. 세상의 이치를 파악한다고 해서 명리학이라고 불리며, 이는 매우 뛰어난 인재만이 섭렵하던 학문이었다. 심리학적 접근보다는 운세를 판단하듯 길흉분석에 초점을 맞추었고 이로 인해 잘못된 선무당이 나오는 오류를 만드는 곳도 많다. 타로의 경우 자신의 과거, 현재, 미래를 잘 맞춰서 놀라는 경우가 많은데 이는 내담자의 생각과 심리가 적용되어 나오는 결과물이므로 객관적으로 판단하기에는 무리가 있다고 본다.

3) 신체 고유데이터 통계분석

사람의 몸은 사지와 몸통, 얼굴 등으로 나뉘는 듯하지만 하나로 합쳐져 있다. 이로 인해 얼굴을 보면 뇌와 몸을 볼 수 있고, 손과 지문을 봐도 그렇고, 귀나 홍채를 봐도 동일하게 모든 것을 알 수 있다. 현존하는 가장 정확한 대체의학진단은 홍채의학이다. 특히 얼굴분석심리는 인간의 신체 모든 곳을 면밀히 관찰하여 심리성향분석, 건강분석, 길흉분석 등이 가능한 총체적인 심리도구이다. 때문에 매우 광범위한 교육과 연구가 필요하지만 100%에 가까운 적중률로 수많은 내담자들에게 만족감과 놀라움을 주고 있다. 얼굴분석심리는 동양과 서양의 신체통계 데이터를 종합적으로 분석하고 연구하였다. 때문에 한중일 3국에 국한된 관상학을 넘어 동서양의 모든 인종을 분석하고 심리성향을 파악할 수 있게 된 것이다. 얼굴은 원래 나 자신이 보기 위한 부위가 아닌 상대방에게 나의 데이터를 보여주기 위한 모니터이다. 그 시그널을 리딩할 수 있는 능력을 키우면 언제 어디에서건 큰 도움을 받으실 수 있다.

4. 첫인상과 선입견

1) 첫인상이란?

누군가를 맨 처음 보자마자 순간적으로 얼굴과 외모 전체를 파악하여 그로 인해 심리, 성격, 학력수준, 재력, 가정생활, 리더십, 건강 등을 근거 없이 느낌으로 받아들이는 행위를 말한다.

항상 백설공주는 예쁘고 착한 캐릭터이며, 마녀는 못생기고 교활한 악당으로 나오는 것이 어릴 적부터 교육받던 동화 속 스토리이다. 예쁘면 착하고 못생기면 나쁜 인성을 가진 게 맞을까? 전혀 그렇지 않다. 외모지상주의 속에서 살고 있으나 생긴 것과 인성은 비례하지 않는다. 오히려 소박하고 평범해 보이거나 못생겼어도 천사와 같은 심성을 가진 사람들이 많다. 노틀담의 꼽추가 악마처럼 비유되서는 안 된다는 뜻이다. 누군가를 맨 처음 볼 때 누구나 그 사람의 '첫인상'을 살피게 된다. 우리의 뇌는 맨 처음 새로운 것을 대할 때 최대한 많은 데이터를 뇌에 저장하여 다음번에 활용하려 하는 습성이 있다. 문제는 그 첫인상이 나쁜 이미지로 받아들여졌다면 고정관념화되어 좋든 안 좋든 잘 바뀌지 않는다는 것이다. 비즈니스에서도 맨 처음 보여지는 첫인상에 신경 써야 하는 이유가 여기에 있다. 다만, 자주 보면서 그 첫인상도 조금씩 교정이 되니 안 좋은 인상을 남긴 사례가 있다면 그걸 만회하려 노력하는 것도 좋은 방법인 것 같다.

2) 선입견

어떤 대상에 대해 이미 마음속으로 가지고 있는 고정적인 관념이나 관점. 아무런 근거도 없이 느낌이나 과거의 경험에 의해 호불호에 대한 느낌으로 미리 판단하는 행위를 말한다.

처음 보았든 여러 번 보았든 그 대상에 대한 고정관념이 생기는 일은 다반사이다. 보통 선입견이라 하지만 긍정의 표현이 아닌 부정의 표현으로 많이 쓰인다. 더 안 좋은 것은 자신이 직접 당하지 않고 보지도 않은 행위들에 대해 남들이 뒷담화로 욕하는 것에 좌지우지되어 누군가에 대한 안 좋은 선입견을 갖는 경우가 많다는 것이다. 이는 매우 경솔한 것으로 반드시 삼자대면을 통해 무엇이 맞는 것인지를 살피는 슬기로움이 필요하다. 이순신 장군 또한 "네가 네 눈으로 직접 본 대로 말하라"라고 하신 것처럼 우린 우리의 눈과 귀로 직접 보지 않고 듣지 않은 것에 대해 맹신할 필요는 없다. 얼굴분석행동심리학에서는 근거 없는 선입견이 아닌 통계학에 근거한 분석적 선입견을 갖게 된다. 항상 누군가를 만나기 전에 프로필 사진들을 보며 심리성향을 파악하고 다른 정보들도 수집하는 것이 일상이다. 관상학에서는 호불호가 강하여 이런 것은 무조건 안 좋다는 식의 해석이 많으나 사실 환경과 시공간, 대하는 사람에 따라서 모두 다르기 때문에 나쁘고 좋고를 꼭 구분할 필요는 없을 것이다. 가정에서는 충실한 남편이고 밖에서는 불한당이 될 수도 있으니 이 사람이 어떤 사람이고 어느 것이 본모습인지는 개개인이 판단할 문제이다.

2

얼굴의 기능과 역할

　우리의 신체는 머리와 몸으로 나누어져 있고 몸을 활용하는 데 필요한 정보와 지시를 뇌에서 내려 준다. 머리는 두 부분으로 나뉘는데 바로 뇌와 얼굴이다. 뇌는 '나'의 생각과 행동을 나타내는 중요한 곳이지만 얼굴은 입력과 출력을 수행하는 뇌의 필수 부위이다. 오감은 얼굴에만 모두 존재하며, 시각, 청각을 통해 뇌로 들어가는 데이터를 관리한다. 후각과 미각으로 음식 섭취에 대한 위험성 또는 맛 등을 결정한다. 촉각으로 피부를 통해 위험 감지와 냉각점, 온각점, 통각점, 압각정 등의 분포 센서로 물체의 느낌과 다양한 실물정보를 뇌에 전달해 준다. 관상학에서는 얼굴을 '마음(얼)의 구멍(굴)'이라 표현하기도 하는데 마음이 담긴 곳이라는 뜻이다. 사실상 안면부에 마음을 담는다는 표현보다는 오감 입력기관들을 활용하여 뇌로 옮겨 주는 데이터 입력장치라고 보면 좋을 것이다. 얼굴의 기능과 역할은 말로 표현하기 힘들 정도로 다양하다. 하지만 가장 중요한 기능 몇 가지를 추려서 소개하고자 한다. 사람이 가장 보호받고 싶은 부위가 바로 뇌와 얼굴이라는 것을 기억하면서 다음의 여러 기능들을 꼭 기억하고 인지하도록 하자.

1. 몸의 건강상태를 보여 주는 기능

어디가 다치거나 하면 통각에 의해 통증을 뇌로 전달하고 뇌에서는 반사적으로 이 시그널을 얼굴로 보내 아픈 표정을 짓게 한다. 그래서 얼굴의 근육을 표정근이라 칭하는 것이고 감정, 심리를 논하는 것이다. 만일 아프거나 기분 좋거나 하는 표정이 없다면 상대방에게 말을 안 했을 때 잘 알 수 없을 것이다. 인간사회를 구성하며 소통과 도움을 받기 위해서라도 이는 필요하다. 흥미로운 사실은 표정이 없어도 숨겨진 병증을 찾아낸다는 것이다. 한의학에서는 망진 또는 형상의학이라고도 부른다. 형태비례학에 근거해서 표준의 얼굴을 기준하여 좌우 비대칭성, 부위별 색깔 변화, 두께 변화, 피부 상태, 혀와 치아 등을 면밀히 관찰하고 진단한다.

얼굴은 표면적으로 쉽게 노출되는 표정(동적 분석) 또는 무표정(정적 분석)으로 숨겨진 심리성향과 건강 등 다양한 정보들을 보여주는 기능을 한다. 책을 읽는 방법을 배워야 지식 습득이 되듯 얼굴을 읽는 방법을 배워야 인간관계 속에서의 문제들을 순탄하게 알아내고 대응할 수 있다.

2. 신체 열관리를 위한 방열판 기능

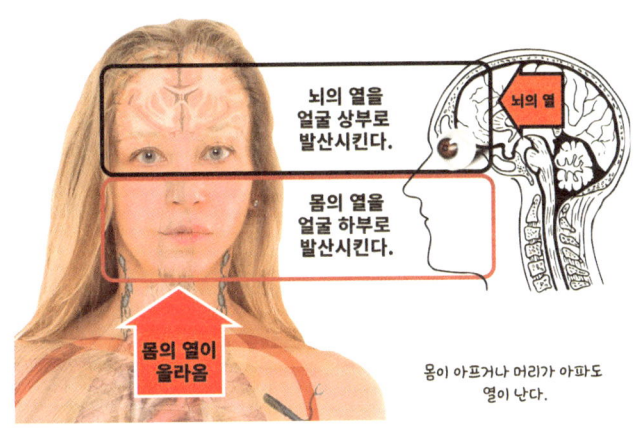

추울 때도 드러내야 하는 부위가 얼굴이다. 날씨가 무더울 때는 최대한 신체 전체 부위를 열이 발산되도록 해야 한다. 얼굴은 삼정론에 의해 3등분을 한다. 이마 부위와 눈썹에서 코끝 부위, 인중에서 턱 부위까지이다. 컴퓨터에서 복잡한 프로그램을 돌리면 온도가 수백 도까지 올라가서 다운된다. 때문에 CPU에 구리스를 바르고 커다란 방열판을 붙이며 상시 팬을 돌려야 한다. 인체에서 두뇌는 CPU와 같다. 때문에 이마 부위에 머리카락이 나지 않는 이유는 지능과 성격을 나타내는 전두엽이 위치한 곳이고 열이 가장 많이 발생하는 부위이기 때문이다. 즉, 얼굴에서의 이마 부위는 뇌의 열을 발산하는 방열판 역할을 한다. 몸에서의 열은 눈 아래 전체 부위를 통해 발산하며 특히 구강과 비강으로 몸 깊숙이 있는 열을 내뿜기도 한다. 찬물은 건강에 나쁘다고 하는 분들이 계시나 그건 큰 착각이다. 우리의 몸은 너무 차가워도 안 되고 뜨거워도 안 된다. 열관리가 필요하다는 이야기이다. 너무 뜨거울 때도 이열치열한다고 뜨겁게만 해서는 능률이 오르지 않는다. 차가운 냉수를 마시면 식도와 위장으로 내려가며 주요 부위의 혈액을 돌려 몸의 온도를 낮춰 준다. 너무 더울 때 찬물에 세수하고 수족을 차가운 물에 담그며 시원한 냉수를 마시면 몸의 온도가 즉시 내려가는 것을 알 수 있다. 이처럼 얼굴은 뇌와 몸의 온도를 관리하는 중요한 열관리 부위이다.

3. 뇌의 심리(감정)상태를 보여 주는 기능

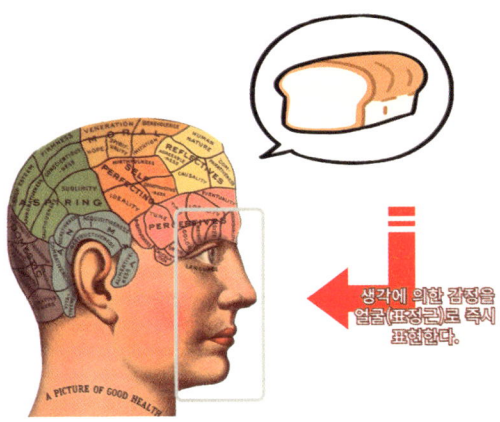

심리상태가 안 좋거나 감정의 변화가 생기면 얼굴에 표시를 한다. 우리는 그것을 '표정'이라 부른다. 나의 상태와 감정이 이렇다는 것을 상대방에게 보여 주어 도움을 받거나 소통하기 위해서 이루어진 진화심리학적 해석이다.

기분이 좋을 땐 웃기 위해 안륜근, 대관골근 등의 표정근에 힘을 주어 표정을 만든다. 이는 일부러 한다기보다는 무의식적으로 즉각 나타내는 반응이다. 얼굴의 표정이 좋거나 안 좋을 때 그 크기가 크다면 심리적 변화도 크다고 할 수 있다. 작은 행복에는 미소가 되며, 큰 기쁨에는 소리 내어 웃는 큰 웃음의 표정이 된다. 인간에게는 참 다양한 표정과 감정이 존재한다. 감정은 곧 표정과 직결되기 때문에 각 감정에 따른 표정을 짓는 것이 가능하다. 해부학적으로 얼굴에는 20개의 표정근이 있으며, 그 근육들이 상호 조화를 이루어 긴장 또는 이완하게 된다. 근육은 미는 힘이 없이 당겨지는 힘만 존재하므로 얼굴표정근에서는 특정 감정에 이완되는 근육과 긴장되는 근육이 별도로 존재한다. 표정근이 당겨지면 표피와 진피, 피하지방층이 따라 움직여지며 얼굴에 표정을 만들고 주름을 생성한다. 표정은 다양할수록 좋으며 이는 상호 소통을 잘 하기 위함이다. 실제로 표정이 다양하고 폭이 큰 사람들이 대인관계가 좋음을 알 수 있다.

4. 오감행복을 느끼게 하는 기능

사람은 시각, 청각, 미각, 후각, 촉각의 오감을 통해 세상을 느끼게 된다. 몸으로서의 고통과 행복을 모두 오감으로 받아들인다는 것

은 과언이 아니다. 사람은 누구나 행복하길 바란다고는 하지만 행복이 무엇인지 인지하지 못한다. 그저 돈을 많이 벌거나 좋은 집에 살거나 하면 행복한 것으로 안다. 행복은 빈부와 귀천을 따지지 않는다. 오히려 가난하게 살면서도 그 안에서 나름대로의 행복을 누리는 사람들이 많다. 그렇기에 세상은 물 흐르듯이 순리대로 돌아가는 것이다. 부자가 되는 것을 성공이라 하지만 그것을 분해해 보면 안정된 의식주 해결이 나온다. 결국 먹고, 놀고, 자고, 쉬고 하는 것으로 행복이 귀결된다는 뜻이다. 행복은 우리 신체에서 얼굴밖에 없다. 얼굴은 마음을 담아 놓는 곳이라는 뜻이지만 실제로 얼굴에서 행복감을 느껴야 뇌와 몸이 행복하다. 컬러와 디자인, 여행 장소, 즐거운 영화관람 등은 매우 큰 시각적 만족을 준다. 무언가 변화가 있고, 색감이 다양하며, 만족감이 있다면 시각적 행복을 추구했다고 볼 수 있다. 자신이 좋아하는 노래를 듣거나 자연의 소리, 좋아하는 사람의 목소리 등은 청각적 만족과 행복을 느끼게 해 준다. 무엇보다 맛있는 음식을 먹는 것은 다른 행복과 바꾸기 힘들 정도로 강한 느낌의 행복감을 준다. 좋은 향수 또는 사랑하는 사람의 체취 등 향기와 냄새는 힐링 그 자체이니 후각적 행복이라 하겠다. 촉각은 만져지는 감각만을 이야기하는 것이 아니다. 피부에는 온도 감각점이나 압력 감각점 등 여러 센서가 있기 때문에 추운 겨울에 따뜻한 커피 머그잔을 잡는 것만으로도 촉각적 행복이라 말할 수 있다. 여기에서는 얼굴에 있는 피부를 통한 촉각을 말하는 것이니 키스나 스킨십 등을 예로 들 수 있을 것이다.

5. 정보를 입력해 주는 기능

　얼굴은 외부의 정보를 뇌로 입력해 주는 기능을 한다. 세상의 모든 물질은 시각적으로 색깔과 형태를 가지고 있다. 자연의 소리 또는 활동 시의 소리도 청각적으로 동물들에게서 보여지게 된다. 얼굴을 부비거나 키스하며 촉각적 느낌 또한 느낄 수 있다. 맛있는 음식을 혀와 입 안의 느낌으로 느끼며 맛볼 수 있고 좋은 향을 코로 들이마시며 힐링하기도 한다. 이처럼 우리는 태어나서 지금까지 지구상에서 경험할 수 있는 대부분의 것들을 보고 듣고 맛보고 느끼는 반복의 순간들이었다. 이는 뇌로 입력되어 언제든지 우리가 필요로 할 때 꺼내어 준다. 과거에 바나나를 먹었던 기억이 있다면 과일가게에 진열된 바나나를 보기만 해도 군침이 돈다. 과거의 맛에 대한 기억정보를 뇌가 꺼내어 주었기 때문이다. 그래서 음식은 혀로만 느끼는 게 아니라 눈으로도 먹고, 귀로도 먹고, 향기로도 먹고, 맛으로도 먹는 거라 할 수 있다. 불행한 사람들은 불행한 기억들만 자꾸 꺼내고 되뇌는 습관이 있다. 행복한 이들은 불행보다 행복한 면만 보려고 한다. 얼굴을 통해 뇌로 입력되는 것이 무엇이냐에 따라 뇌와 몸의 상태가 달라진다. 눈과 귀는 뇌로 가는 직통 구간이며, 입과 코는 몸으로 가는 직통 구간이다. 눈과 귀의 입력이 뇌를 만들고 코와 입의 입력(식사)이 몸을 만든다.

3

얼굴분석행동심리학의 기초 학문

얼굴분석행동심리학의 기초 학문을 소개하는 이유는 전체 숲을 볼 줄 알아야 나무를 이해할 수 있다는 뜻이다. 비즈니스 얼굴분석심리는 극히 일부의 과목이기에 전체를 이해하는 데 오류가 생길 가능성이 있다. 예를 들어 관상학을 배우는 사람이 얼굴관상 전체를 배워야 하는데 모 한 군데만 배우고는 그게 모든 것을 배운 것인 양 착각하면 안 된다는 의미이다. 얼굴분석은 얼굴의 골격과 표정근의 심리적 해석을 기본으로 하며, 행동심리는 일상에서의 무의식적 행동 변화를 리딩하여 심리를 예측한다. 음성분석심리도 포함하고 있으나 여기에서는 제외하니 다음의 각 과목별 내용들을 살펴본다면 우리의 얼굴과 몸의 시그널을 알기 위해 얼마나 폭넓게 깊이 공부해야 하는지 이해할 수 있을 듯하다. 사람의 몸과 얼굴은 평생 단 하루도 같은 경우가 없다. 그 변화를 잘 느끼지 못할 뿐이지 수시로 변화하게 된다. 사람의 심리도 마찬가지다. 한 번에 좋은 사람, 나쁜 사람을 구분 짓지 말고 인생의 시기와 상황, 얼굴의 변화에 따라 그때그때 얼굴을 읽으며 알아 가야 할 것이다. 굵은 중심의 심리 변화는 적으며, 가는 바깥의 심리는 언제나 변화하기 마련이다.

1. 피부분석

얼굴의 피부는 부위마다 두께와 민감도 등이 다르다. 표피와 진피, 피하지방층의 상태에 따라 잔주름의 굴곡이 영향을 받으며, 얼굴표정근의 감정 긴장도에 따라 굵은 주름으로 얼굴에 표출된다. 피부를 공부하지 않고서는 얼굴을 읽는 데 한계가 생긴다. 왜 이 주름이 이곳에 이런 형태로 생겨났는지를 분석할 수 있어야 그 사람의 심리를 읽을 수 있기 때문이다. 예를 들어 이마의 주름이 가로로 여러 개 생겼다고 하자. 그 주름만 보고 어떻다는 식이 관상이다. 왜 그 주름이 생겨났는지, 어떤 변화가 표정근과 호르몬과 뇌에 발생했는지는 설명할 수 없다. 해부학이 발달하지 않은 동양 문화였기 때문이다. 이마의 가로 주름이 많다는 것은 이마가 넓다는 말도 되지만 피부층이 얇은 것을 뜻한다. 굵으면 진피층이 접혀서 굵게 주름이 생기는 것에 한계가 발생한다. 즉 이마가 넓고 피부가 얇고 건조한 상태에서 감정변화(설득 또는 놀람 등)에 의해 이마 전두근이 긴장하여 눈썹이 위로 들어 올려진다. 이때 이마의 상단(발제라인)은 그대로 있고 눈썹 쪽의 피부가 당겨 올라간다. 당연히 표면적이 줄

어드니 횡주름이 발생하는 것이다. 이처럼 얼굴에는 20개의 표정근이 있는데 이러한 근육들이 감정 상태에 따라 조화를 이루어 특정 표정을 만들어 내고 주름을 형성한다. 즉, 얼굴의 주름과 굴곡은 모두 인간의 감정 심리의 누적이 결과로 나타난 것이라 하겠다. 표정 지을 때만 나타나는 동적 주름과 깊게 새겨진 고착주름은 분석이 다르다. 얼굴의 피부상태를 읽는 것은 심리를 읽는 것에 매우 중요하니 얼굴분석행동심리학에서 피부에 대한 깊은 공부와 응용은 필수적이라 하겠다.

2. 뇌교육/호르몬

정신과 치료를 받기 위해 병원을 찾으면 상담과 함께 처방약을 준다. 안정제 역할을 하거나 수면제, 호르몬제와 같은 처방이 주를 이룬다. 이는 심리상담을 받는 내담자 대부분이 불안하거나 마음이 떠 있어서 신경을 안정시킬 필요가 있다는 의미이다. 때문에 명상과 산책을 권유하는 것도 사색을 즐기며 느린 행동패턴을 유지하면 마음의 평정심을 찾을 수 있다는 논리이다. 이로 인해 생겨난 심리치료 방법이 EMDR이다. 어찌 됐든 우리는 얼굴을 분석하고 심리를 파악하는 목적이 그 내담자의 뇌 상태와 호르몬 분비 상태를 알기 위함이다. 사람은 표정과 행동에 의해 호르몬 분비가 변화하며, 호르몬 처방으로 인해 심리상태와 표정, 행동이 변하는 상통의 구조를 가지고 있다. 때문에 뇌의 구조를 알고 호르몬 분비로 인한 신체와

심리의 변화를 파악할 수 있어야 진정한 심리분석가라고 할 수 있다. 심리를 심리로만 보면 안 된다. 우리의 마음이 심장에 있다고 판단했던 과거 학자들의 오류를 지금도 답습하면 안 된다. 모든 것은 뇌에서 시작이 되고 몸으로 전달되는 호르몬 영향으로 우리는 변화한다. 그 많은 호르몬에 대해 알 필요는 없겠으나 적어도 심리와 건강에 영향을 미치는 필수 호르몬 10여 가지 내외는 알아야 한다. 정상적이었던 사람이 너무 큰 충격을 받아 속된 말로 미친 사람이 되면 왜 세상에서 가장 행복한 듯이 시도 때도 없이 웃고 다니는지 그 원리를 알아야 한다. 우리는 얼굴을 보고 얼굴에 의한 심리를 판단하는 것이 아니라 얼굴을 보고 뇌와 몸이 말하는 신호를 읽는 것이다.

3. 얼굴표정학

얼굴에는 20개의 표정근이 있는데 눈썹을 올리는 전두근, 미간을 모으는 비근근과 추미근, 코를 찡긋하는 비익상순거근, 윗입술을 들어 올리는 상순거근, 웃을 때 관여하는 대관골근과 소관골근, 눈을 찌푸리는 안륜근, 입을 모으는 구륜근, 입꼬리를 내리는 구각하제근 등이 직간접적으로 심리표현에 관여한다. 경중의 차이는 있겠으나 어느 하나의 근육이 아닌 상호보완적으로 여러 개 근육이 조화를 이루어 특정 감정을 표현한다. 연구실험 결과 심리 변화에 의해 얼굴 표정근이 변화하는 건 당연하지만 거꾸로 감정에 관계없이 거짓 표정을 만들어 내도 뇌에서는 그것을 비슷하거나 같은 감정으로 받아들인다는 충격적인 사실이 밝혀졌다. 일상에서 웃을 일이 없어도 억지웃음이 내 감정과 일상에 큰 변화를 줄 수 있다는 말이 된다. 표정학을 알아야 심리를 읽기 편하다. 원래 얼굴은 의사소통의 기본인 감정을 나타내어 상대방에게 전달하는 부위이다. 지구상 모든 동물들은 원래 평생 자신의 얼굴을 볼 수 없게 태어났다. 거울은 발명된 것이기에 자연 속에서 자신의 모습을 보는 일은 거의 없을 것이기 때문이다. 그러면 내 얼굴은 누구를 위한 것일까? 나의 감정과 심리, 병증을 알려 주어 좋고 나쁨을 남들에게 전달하고자 하는 곳이 얼굴이다. 갓난아기들은 말을 못하기에 엄마의 얼굴을 보며 웃기도 하고 찡그리기도 하고 울기도 한다. 얼굴의 표정에서 인간은 누구나 손쉽게 심리를 읽을 수 있다. 하지만 더 나아가 특정 표정이 어떤 감정을 숨기고 있는지, 마이크로 익스프레션처럼 순간 스치는 표정 변화에서 진실과 거짓을 읽을 수 있는지 등을 알아낼 수도 있다. 행동심리학은 팔다리와 몸의 움직임인 제스처를 보고 판단하지만 사실상 그 이전 전조심리는 얼굴에서 발현되기 때문에 굳이 몸의 큰 동작을 읽을 필요까지는 없을 것이다. 간단히 얼굴에서 드러나는 심리의 시그널만 해도 수백 가지로 분류되기 때문이다.

4. 형상의학(망진)

　의사들이나 심리학자들이 제일 먼저 하는 것이 이것저것 물어보는 문진 또는 설문지 작성이다. 어디가 아파서 왔는지 또는 종이에 과거 병력이나 현재의 증상을 써서 보여 주면 그걸 보고 기본적인 판단을 하여 처방 또는 심리상담에 들어간다. 얼굴분석에서는 아무것도 물을 필요가 없다. 원래 읽는 부위이기 때문에 그 공식에 따라 얼굴 하나하나를 읽고 분석하면 되는 것이다. 얼굴에는 심리뿐만 아니라 건강에 대한 정보도 담겨 있다. 간이 안 좋은지, 심장에 열이 많은지, 빈혈인지, 혈전이 많은지 등등. 동양에서는 대체의학이라 하여 홍체의학, 귀반사(이혈), 발반사, 수지침, 카이로프랙틱, 경락 등 다양한 대체적 의학기술이 발달했다. 서양에서는 신체 내부에서의 해부학적 접근이 이루어졌다면 동양에서는 신체의 훼손을 금하였기에 몸 밖에서 안을 치료하고, 몸 밖에서 안을 판단하는 술기가 매우 발달한 것이다. 형상의학은 얼굴의 형태, 기색, 주름, 부어오름, 비대칭, 귀의 혈관, 점, 혹 등을 면밀히 관찰하여 병증을 찾아낸다. 제도권의 많은 의사분들도 진료를 하시면서 특정 병증의 환자가 얼굴에 어떠한 공통적 표식이 나타남을 부인할 수 없다고 하신다. 한의학에서는 더더욱 형상의학(망진)을 중요시 여긴다. 혀의 설태와 입냄새, 눈꼽, 공막의 혈관까지도 세세히 살펴 가며 건강을 체크하기 때문에 얼굴분석행동심리학에서는 건강분석이 적지 않은 비중을 차지하고 있다. 얼굴 하나만 보는데도 심리성향과 행동판단을 읽는가 하면 병증과 호르몬 상태도 점검할 수 있으니 일석 삼조의 실용학문이라 하겠다.

5. 사진/영상학(PV분석)

  얼굴분석을 할 때 사진이나 영상을 활용하는 경우도 매우 많아지고 있다. 병원 의사분들이 X-RAY를 보고 몸의 내부를 판단하듯이 얼굴분석행동심리학을 하는 분들은 사진과 영상을 판독하는 데 특화가 되어 있다. 과거 돌아가신 분의 초상화나 사진, 영상을 보고도 정확히 심리성향과 건강분석이 가능하고, 코로나 등의 문제로 인한 언택트 비대면으로 화상통화, 원거리 내담자를 상담할 때 영상 속에 보이는 상대방을 바르게 읽을 수 있어야 한다. 우리의 눈과 달리 카메라는 다양한 렌즈가 존재하며 우리가 의식하지 못하지만 왜곡된 형상을 보여 준다. 특히 핸드폰 셀카 영상이나 사진은 그 거리와 기기의 특성으로 인해 광각, 초광각 렌즈를 사용한다. 또한 자동 보정 프로그램을 탑재하여 내 실제 얼굴과 다르게 보여지기도 하는 문제가 있다. 카메라는 조명의 각도에도 문제를 준다. 정면광인지 상향광인지 측광인지 등에 따라 코나 얼굴 특정 부위가 휘어 보이게 또는 커 보이게 하는 경우가 많다. 얼굴분석에서 비대칭 분석이 매우 중요한데 카메라를 약간만 잘못 조정하여 촬영해도 좌우 비대칭처럼 보이게 만든다. 때문에 사진과 영상학을 배우지 않으면 분석의 오류를 면치 못할 것이다.

6. 아동학/다중지능이론

성인도 그러하지만 미성년자(특히 어린이)의 경우 비성숙에 의해 얼굴과 신체의 변화가 매우 크다고 할 수 있다. 아이들은 어떻게 낳느냐도 중요하지만 어떻게 키우느냐는 더 중요하다. 누구나 태어날 때 장점과 단점을 가진다. 문제는 대부분의 부모들이 자기 자녀의 이러한 심리성향, 재능을 인지하지 못하고 있다는 것이다. 남들 다 니는 대로 학원을 여기저기 보내는 식은 절대 아이들에게 좋은 영향을 끼치지 못한다. 하버드대학교의 하워드 가드너 박사는 사람의 지능을 9가지로 분류하여 유명해진 분이다. 언어 지능, 미술적, 지능, 음악적 지능, 공간 지능 등의 여러 지능들 중에 여러 개를 가진 사람도 있고 한 개 정도에 특화된 사람도 있다. 하지만 어린이도 그렇고 성인들 자신조차도 내가 어떤 능력이 있고 재능이 있는지를 알지 못한다. 그저 평범하게 사는 것이 정답이라고 생각하듯이. 얼굴에서는 선천적인 재능과 후천적 노력에 의한 재능 변화의 시그널을 읽을 수 있다. 미리 알고 장점을 보완하면 그것이 강점이 되며, 단점은 잘 커버할 수 있어야 한다.

7. 인체해부학

사람의 중심축은 뼈대이며, 그 뼈에 인대와 근육이 형성되어 인체를 지탱하게 해 준다. 흔히 디스크라 하는 것은 척추의 추간원판을 말하는 것인데 급작스러운 운동이나 충격에 의해 전후좌우 근육이 아닌 한쪽에서 너무 강한 텐션을 주게 되어 밀려 나오는 경우가 많다. 몸의 근육은 상하좌우전후로 모든 양방향의 밸런스가 맞아야 건강체를 유지한다. 얼굴분석에서는 근육과 골격을 기본으로 한 해부학을 기본으로 하며, 신체 내부의 모든 장기와 혈관, 림프 등과 호르몬 변화까지도 체크한다. 몸의 상태가 심리로 발현되는 연관성을 부정할 수 없기 때문에 해부학은 필수적이다. 예를 들어 평상시에 매우 쾌활하던 남자가 교통사고로 몸이 아파 병원에서 오랫동안 치료를 받게 되면 우울증이 찾아온다. 몸의 근 손실이 테스토스테론 호르몬, 세로토닌 등 많은 호르몬에 직간접적으로 영향을 주어 심리 변화를 만들어 내는 것이다. 외부의 정신적인 스트레스와 강압만이 심리 변화를 만드는 게 아니다. 뇌와 몸은 하나로 연결되어 있으며, 몸을 자세히 알지 않고서는 심리를 다 알고 있다고 판단하기 어렵다.

8. 관상/인상학

수천 년 전부터 내려오던 관상학과 그에 개선된 유관학문을 집대성하여 철저한 검증과 연구로 얼굴분석심리에 활용되고 있다. 사주나 관상은 미신 또는 흥미로운 점괘의 도구로만 생각하는 이들이 많으나 무속신앙, 종교적 성향과 관계없이 실제 연구자료와 수많은 논문들에 근거하여 그 적중도에 큰 각광을 받고 있는 게 사실이다. 다만, 얼굴분석행동심리학에서는 심리성향분석이 우선이며, 건강분석과 더불어 관상학을 길흉분석의 부가적 도구로 활용하고 있다. 관상도 형상의학과 같이 발달하다 보니 심리적 측면, 건강적 측면, 길흉판단의 측면에서는 여러 갈래로 나뉜다고 할 수 있다. 하지만 정확한 통계로 분류되지 않고 구전되거나 고서에 의한 답습이 이루어지니 현실과 맞지 않는 부분에서 아쉬움을 주는 것도 사실이다. 과거와 현재를 볼 수 있는 것은 매우 쉬운 일이나 변화되는 미래를 맞추는 것은 매우 위험하고도 어렵고 무책임한 일일 수 있다. 다만, 과거의 노력이 현재를 만들어 왔고 현재의 노력이 미래를 만들듯이 현재의 얼굴을 면밀히 분석하면 그 방향성과 의지 등을 알 수 있어 미래를 유추하는 것도 그리 부정적이거나 어려운 일만은 아닐 것이다. 얼굴분석행동심리학 상담가들은 동양학을 하시는 관상가나 사주, 타로, 점술 등을 전문으로 하시는 분들과 달리 심리상담가로서 조심스럽게 관상을 접근해야 할 것이다. 특히나 관상학은 불교나 무속신앙에 속한 것이 아니니 기독교나 천주교인 등 여러 종교인들이 이를 굳이 종교적인 분야로 해석하는 오류를 범하지 않았으면 한다.

9. 행동심리학

행동심리가 유행하던 때가 있었다. 사람의 손짓 발짓과 제스처에 따라 거짓과 진실을 판단한다거나 속마음을 알아내는 이른바 독심술 영역처럼 치부되기도 하였다. 하지만 행동 분석은 오류와 와전되는 부분이 매우 많다. 예를 들어 말하는 도중에 자꾸 목덜미를 만지거나 코를 만지면 거짓말을 하고 있다는 식의 행동심리. 하지만 가만히 살펴보면 그 당사자의 콧속에 있는 코털이 너무 간지러워서 말하는 도중에 자기도 모르게 코를 매만지는 상황이 발생하기도 했다. 팔짱을 끼거나 다리를 꼬면 폐쇄적으로 대하거나 소통을 끊고 거만하다고 인식하는 행동심리의 분석도 있다. 사실 인체해부학적으로 보면 그냥 두 팔을 늘어트리거나 두 다리를 11자로 두는 것이 매우 불안정하거나 고정이 안 돼서 불편한 경우가 많음을 느끼게 된다. 따라서 팔의 고정을 위해 팔짱을 끼거나 다리의 고정을 위하여 꼬는 경우가 많으니 행동심리에서 말하는 내용과는 매우 거리가 있다고 하겠다. 얼굴분석심리에서는 굳이 행동까지 보지 않아도 된다. 행동의 발현은 결국 그 전조가 얼굴에서 나타나고, 얼굴의 전조는 동공에서 표출되게 된다. 팔짱을 끼고 거만하게 있는데 상대방을 바라보는 표정은 경청과 친근함 속에 웃음마저 띠고 있다면? 행동은 글처럼 오해를 불러일으킨다. 목소리를 듣거나 직접 얼굴을 보면 오해가 풀리겠으나 글만 보내게 되면 감정의 상태를 잘 몰라서 문제가 생기는 것과 같다. 얼굴분석행동심리학에서는 행동심리를 공부하긴 하되 실질적으로는 얼굴을 분석하여 그 사람의 행동이 어떻게 나올지를 유추할 수 있는 분야로 보는 것이 맞다.

10. 섹슈얼/웨딩 얼굴분석

남녀의 사랑은 언제나 소설 속에서나 영화 속에서 로맨스 스토리로 자리 잡고 있다. 인류는 사랑이라는 굴레를 벗어나 살 수 없고 번영을 이룰 수도 없다. 사랑은 행복 그 자체이기 때문이다. 관상에서 말하는 궁합이나 합의를 굳이 말하지 않더라도 이성간의 관계성은 인생사에 매우 유의미하다고 하겠다. 현 세대는 출산율도 적고 성혼율보다 이혼율이 많은 시대이다 보니 사랑이라는 것에 얼마나 진지함을 갖는지 의문이 생기곤 한다. 어찌 됐든 사람과 사람은 서로 잘 맞는 상생이 있고 문제가 발생하는 상극이 존재한다. 혈액형에서 A형이 B형과 안 맞고 O형하고 맞는다는 논리처럼 완전히 맹신할 수는 없지만 어느 정도는 신빙성이 있다고 할 수 있다. 관상에서의 궁합이라 함은 여자의 자궁에 맞는 합을 의미한다. 서로 궁합이 잘 맞는다는 말은 남자의 성기와 여성의 성기가 서로 잘 맞고 만족도도 높다고 풀이할 수도 있다. 해부학적으로 볼 때 여성의 질 깊이와 남성의 페니스 크기와 만족도에 대한 연관성은 그리 많지 않다는 연구결과가 있다. 왜냐하면 여성의 자궁은 상대방을 깊이 사랑할 때 아래로 내려오는 등의 위치 이동이 되기 때문이다. 섹슈얼 얼굴분석 또는 웨딩 얼굴분석은 이성 간의 심리 차이를 이해하고 육체의 차이를 인지하도록 한다. 몸이 다르고 심리성향이 다르니 그것부터 이해를 시키는 것이 맞다. 또한 얼굴을 살펴보면 성적인 매력도나 관계 시의 성향, 정자와 난자의 건강상태, 부부관계의 신뢰성, 이성 간의 트러블 등을 알 수 있다. 이를 통해 교제 또는 결혼 전에 상호간의 얼굴분석을 하여 매칭되는 정도를 내담자들에게 설명해 주게 된다. 초혼이든 재혼이든 일반적 이성관계든 인류는 이성과의 관계성을 벗어나는 건 반쪽 인생을 사는 길이라 할 수 있다.

11. 미녀 황금공식

　미남과 미녀가 세상에서 각광받는 외모지상주의 시대에 살고 있다. 잘생기고 예뻐야 자다가도 떡이 생기게 되니 남녀를 불문하고 성형 열풍이 부는 것 또한 이해할 수 있을 것이다. 잘생기고 못생기고의 차이는 무엇일까? 대칭과 비대칭의 차이? 사실 뇌에서는 상대방의 심리가 멀쩡하고 신체 및 생식기 등에 좋을지를 느낌으로 감지한다. 얼굴 피부가 푸석거리는 사람보다 스킨케어를 통해 미끈하고 광이 난다면 뇌에서는 건강하다고 보고 흥미를 느낀다. 주름이 많으면 노화가 많이 진행되어 허약하다고 판단해서 주름이 없거나 적은 이를 선호한다. 얼굴에 살이 많이 찌면 동맥경화, 당뇨병 등의 성인병 발생률이 많아지고 성기능도 약해지기 때문에 근육질에 날씬하고 몸매 좋은 남녀를 선호한다. 이처럼 미남미녀는 건강체를 뜻한다. 하지만 기본 태어난 골격이 나쁘면 아무리 운동을 하고 다이어트를 해도 미남미녀에서 벗어날 수밖에 없다. 이를 상쇄하기 위해 성형외과의 문을 두드리게 되는 것이다. 얼굴은 절대 어느 한 부분만 고친다고 해서 되는 게 아니다. 밸런스가 중요하다. 최상의 성형은 성형한 것을 누구도 눈치 못 챌 정도로 부자연스러운 곳이 없게 해 주는 것을 말한다. 이름을 바꿔도 내 인생이 바뀌듯 얼굴을 바꾸고 뼈를 깎는 것이 나 자신의 모든 것을 바꾼다고 해도 과언이 아니다. 이에 사람들이 건강체로, 미남미녀로 인지하는 이목구비 등의 포인트가 무엇인지를 알고 개선하려 노력할 필요가 있다. 모든 이가 성형한다고 해서 인조인간마냥 똑같은 얼굴이 되진 않는다. 각기 다른 골격구조와 특징이 있기 때문이다. 안면골 성형 이전에 운동과 다이어트가 우선이요, 그 이전에 헤어스타일과 메이크업 같은 이미지메이킹이 선행되길 권장한다. 미녀 황금공식은 얼굴에서의 미남미녀의 조건이 되는 부위별 가이드라인을 제시하는 공식을 말한다.

12. 마이크로 익스프레션

 얼굴표정근은 말 그대로 근육이 표정을 만들어 주는 것이다. 근육은 보통 강, 중, 약의 3단계로 힘 조절을 구분해 줄 수 있는데 가장 강한 근육의 긴장은 크게 웃거나 통곡을 할 때처럼 얼굴이 화끈거릴 정도로 특정 근육에 긴장이 최고조에 달할 때를 말한다. 일반적 근육 긴장은 평상시의 미소나 표정 등에서 자주 볼 수 있다. 근육은 근섬유 또는 근원세사 등으로 세분화하여 설명할 수 있는데 당기는 힘이 존재하되 무리하게 긴장하면 쥐가 나거나 경련이 생기기도 한다. 물론 얼굴에 쥐가 날 정도로 안면근을 혹사시키는 이는 없을 거라고 본다. 이러한 근육들이 매우 작고 짧게 반응할 때가 있다. 0.1초 안에 순간적으로 반응하고 긴장(수축)하는 안면근육을 관찰한다면 그건 당사자가 인지 못하며 내보내는 감정이다. 보통 FBI 같은 수사기관에서 용의자를 심문하거나 할 때 얼굴을 자세히 녹화하여 안면근육의 움직임을 수차례 살펴본다. 그 짧은 무의식적 안면근육 움직임을 마이크로 익스프레션이라 한다. 꼭 거짓말 탐지를 할 때만 쓰이는 것은 아니지만 숨기고 싶은 감정이나 의사 등이 자신도 모르게 표정근에 표시가 되기 때문에 그 시그널을 재빠르게 보고 파악하는 것은 매우 중요하다고 하겠다. 얼굴분석행동심리학에서도 내담자 또는 고객, 투자자 등을 만나서 대화를 나누며 문제를 파악하거나 진심을 알아내기 위해 마이크로 익스프레션을 활용하는 일이 많다.

4

비즈니스와 얼굴심리

1. 비즈니스 얼굴분석심리란?

　비즈니스 얼굴분석은 지출과 수입이 반복되는 자본주의 사회에서 고객이나 판매자 등의 얼굴을 분석하여 상황에 맞는 응대로 긍정적 효과를 거둘 수 있도록 하는 '실용 얼굴분석심리학'이다.
　사람은 누구나 원하는 니즈가 있다. 특히 비즈니스에 있어서 성과를 많이 갖고 싶고 그로 인해 수익을 증대하고 싶은 것은 누구나 당연한 심리일 것이다. 그것은 고객에게도 마찬가지이다. 보다 저렴하게 좋은 물품을 구매하고 싶은 '좋은 조건'을 말한다. 이러한 비즈니스의 관계에서 의식적인 니즈와 무의식적인 니즈가 있게 마련인데 그걸 인지하는 사람은 거의 없다. 세일즈맨이 원하는 것은 판매이고, 고객이 원하는 것은 좋은 조건의 구매인데 이때 무의식적인 니즈는 생각보다 단순하다. 비즈니스에 직접적인 연관이 없는 것에 대한 충족이다. 보험 가입을 권유하러 간 사람이 고객을 만나 처음부터 끝까지 열정적으로 설명과 설득을 했다고 해 보자. 그 결과는 능숙함 또는 조건에 따라 달라질 것이다. 하지만 능숙하지 않은 세일즈맨이 고객을 만나 자기 소개를 하고 친밀도를 높이며, 근사한 식사대접까지 했다고 해 보자. 사람은 소화기계에 음식이 들어갈 때 뇌에 있던 피와 근육의 피가 소화기계로 급속히 몰려간다. 이는 긴장을 완화시킨다는 뜻이다. 그러면서 호감 가고 즐거운 대화를 이어가며 웃음을 나누는 자리가 되었다면 그 고객에겐 행복과 즐거움, 호감에 의해 동공이 열리고 뇌에서는 옥시토신이 분비되어 굳이 판매자의 물건이나 보험이 필요치 않아도 그 물건을 구매하고 보험 서류에 사인을 하게 될 것이다. 이것이 능숙한 세일즈맨의 고객에 대한 무의식적 니즈 충족이다. 중소기업 또는 대기업에서 지금도 접대문화가 알게 모르게 이어지고 있다고 한다. 비즈니스를 할 때 밥을 먹는 것도 아니고 술까지 먹어 가며 접대를 해야 할 이유가 있을까? 결국은 그들도 인간적인 오감행복 속에서 기쁨을 찾고 설득당하는 것이라 할 수 있다.

　얼굴분석에서는 인간의 기본 감각이며 욕구인 오감에 대해 명확히 구분하고 있다. 어떤 이는 시각적 자극을 원하고 어떤 이는 향기 또는 미각적 자극에 민감하다. 어떤 옷을 입고 어떤 컬러의 메이크업을 하며, 어떤 헤어스타일과 목소리, 표정, 언어사용, 장소 등을 하는지를 전략적으로 준비한다면 어느 누구와 거래를 하더라도 원하는 바를 이룰 수 있을 것이다. 가끔 영화나 드라마에서도 큰 바이어가 오면 그들의 마음을 사로잡기 위해 고급 호텔을 예약하고 선물을 준비하는 모습이 종종 보인다. 꼭 접대를 하라는 뜻이 아니다. 상대방의 얼굴 속에 숨겨진 무의식적인 니즈를 찾아 공략하면 백전백승이라는 것이다.

　비즈니스 얼굴분석심리는 히든카드가 필요할 때 준비하는 필승의 전략으로 자리 잡으리라 믿는다.

2. 과대과장광고와 사기꾼이 많은 이유?

　투자유치 또는 무언가를 팔거나 할 때 세일즈맨들은 정직을 추구하는 사람도 있는 반면 과대과장광고 또는 사기성 기질을 발휘(?)하여 고객을 현혹시킨다. 불법 다단계에 빠져서 전 재산을 탕진한 사람들이라든가 코인에 손을 대서 패가망신한 사람들도 부지기수다. 사실 돈에 욕심이 생기면 눈에 보이는 것이 없기 때문에 아무리 주의하려고 해도 그게 쉽사리 눈에 들어오지 않는다. 고객의 심리가 제발 그렇게 되었으면 좋겠다는 염원이 함께 담기기 때문이다. 사람은 보고 싶은 것만 보이고, 듣고 싶은 것만 들린다고 하지 않던가? 중요한 선택 또는 계약, 투자건이 있을 때는 절대 급하게 처리하지 말아야 한다. 사기꾼일수록 당장 계약을 안 하면 큰일이 나는 것처럼 몰아가기 때문이다. 당장 안 해서 놓치는 일이라면 내 복이 아니라 생각하고 외면하는 편이 오히려 안전하다. 사람의 행동과 얼굴표정에서 즉각적인 거짓을 찾아낼 수도 있고 살아온 누적된 얼굴 속의 누적된 정보에서도 찾아낼 수 있다. 사실 소리에너지라 하여 목소리만 듣고도 프로파일러마냥 어렵지 않게 체크가 가능하다. 거짓말을 할 땐 코를 만지거나 눈을 회피한다고들 알고 있지만 전혀 그렇지 않다. 사람에 따라 거짓말의 습관이 다르고 소심한 사람과 대범한 사람에 따라 다르기도 하다. 하지만 사람인 이상 심리의 시그널을 숨길 수 없는 얼굴 부위들이 있다. 보통 고위 수사기관에서도 거짓말탐지기마냥 그러한 기술들을 사용하기도 하는데 얼굴분석행동심리학에서는 보편적인 것들이다. 인생은 평생 선택과 결정의 연속이다. 세상엔 믿을 만한 사람 수보다 못 믿을 사람들이 훨씬 많은 듯하고, 앞과 뒤가 다른 이들도 많으니 정신 똑바로 차리고 예의주시해야 할 것 같다. 특히 비즈니스는 이타심보다는 이기성이 절대적인 지배심리이다. 내가 무언가를 팔아서 내 수익을 거두는 것이 비즈니스의 기본이기 때문. 고객의 입장에서 내가 손해 보더라도 너무 정직하게만 사업을 하는 이가 몇이나 있을까?

금액이 크거나 기간이 길수록, 상대방의 수익과 혜택이 많다고 판단될수록 위험한 거래라고 보는 것이 좋다.

3. 사람과 비즈니스의 상관관계

　성공을 원하는 사람들이 얼굴만 바꾼다고 반드시 성공할까? 그건 절대 이루어질 수 없는 헛된 희망일 뿐이다. 노력하지도 않고 손쉽게 돈 조금 들여서 성공을 바란다는 것부터가 문제 아닐까? 목표를 정하고 계획을 세운 뒤 최선을 다해 노력하자. 그리고 결과를 기다릴 때 하는 것이 아마도 기도일 것이다. 하지만, 한 가지 더 노력해야 할 것이 있다. 바로 얼굴과 몸 관리이다. 많은 기업체의 신규사원채용 면접관들이 왜 이력서만 보지 않고 굳이 면접을 보고 인재를 선택하는 것일까? 실력보다 인성과 됨됨이, 정돈된 외모 등도 중요하다고 여기기 때문이다. 사람들이 믿든 안 믿든 과거에도 그랬고 현재도 수많은 기업들이 면접 때 관상을 본다고 대답했다. 복이 있고 없고가 아닌 인품과 인성을 얼굴에서 찾을 수 있기에. 리더십과 조직력, 사회성들도 엿볼 수 있는 면담이라면 반드시 필요하지 않을까? 이렇듯 우리는 사회에서 얼굴과 얼굴을 바라보는 면대면을 중시해 왔다. 좋은 얼굴은 반드시 존재하며, 그 좋은 얼굴을 만들고자 노력했을 때 실력과 노력에 시너지를 발휘하여 우수한 인재로서 인정받게 될 것이다.

얼굴의 데이터는 거짓말을 하지 않는다.

　성공이 꼭 돈을 많이 버는 것을 말하진 않는다. 하지만, 자본주의 논리로 보았을 때 돈이 많으면 세상의 대부분을 내 것으로 할 수 있는 힘이 생긴다. 성공에는 부와 명예로 두 가지를 말하지만 여기에 행복, 인맥도 넣는 것이 합당하다. 돈이 아무리 많아도 주변에 사람이 없으면 불행할 수밖에 없을 것이다. 명예도 따라 줘야 하고 인맥도 많아지니 자연적으로 행복해진다고 볼 수 있다. 행복의 근원은 집안 가족에게서부터 시작이다. 안이 평안해야 진정한 행복을 찾았다고 할 수 있다. 이제 실제적인 부의 상관성을 논해 보자. 내가 돈이 많으면 사람들이 돈의 유인력에 의해 달라붙는다. 내 주변에 사람이 많아도 돈이 자연적으로 달라붙게 마련이다. 만일 사람이 많은데 돈이 안 붙는다면 비즈니스의 원리를 모르는 사람일 게다. 가난하지만 많은 인맥이 있거나 혹은 부자이면서 적은 인맥이라도 비즈니스에서는 훌륭한 인적 자원이다. 학식과 명예가 높아도 사람들이 모이고, 행복감이 높거나 미남미녀, 재미있는 사람 등 호인상을 가지면 마찬가지로 많은 사람들이 모일 수 있다.

  돈이 안 모이면 사람이라도 모아라. 의심하지 말고 무조건 한 명 두 명씩 인맥을 모으다 보면 어느새 비즈니스가 성장하고 부자가 되어 있는 자기 자신의 모습에 놀라게 될 것이다. 유튜버가 처음부터 백만 명, 천만 명의 구독자를 확보한 게 아니다. 십리 길도 한 걸음부터, 부자의 시작도 십 원짜리 동전 한 개부터, 인맥도 한 명부터 시작이다. 단, 사람을 모으는 데 있어서 너무 이타적인 마음만 갖게 되면 내가 무언가를 얻기 전에 밑 빠진 구멍이 되어 하나도 남는 게 없어진다. 이기적인 마음을 가지라는 게 아니다. 적어도 남들에게 피해를 주지 않을 정도의 마음에서 욕심을 차리라는 말이다. 욕심이 꼭 나쁜 의미로 들을 필요는 없다. 모든 부자들은 욕심이 있었기에 나 자신을 혹사해 가며 노력했고, 한 푼 두 푼 모아 부자의 대열에 선 것이다. 공부에 욕심을 가져야 학식을 쌓게 되고, 돈에 욕심을 부려야 부자가 되는 원리이다.

  얼굴에 욕심을 부리면 성공할까? 앞서 말한 대로 나름대로의 목표가 있고, 계획이 있으며, 매일의 노력과 실천을 하는 과정에서 기도와 얼굴의 변화에 신경 쓴다면 못 이룰 것이 없다. 이는 수많은 성공자들이 공통적으로 이야기한 실화다. 꼴값을 하고, 내 얼굴에 책임을 지라는 말은 허투루 나온 말이 아니다. 생긴 대로 살고, 생긴 대로 생각하며, 생긴 대로 이루게 된다.
  그래서 남의 얼굴보다 내 얼굴이 수백 배, 수천 배 중요한 것이다.

4. 옥시토신 표정 세일즈의 비밀

옥시토신 호르몬: 9개의 아미노산으로 이루어진 호르몬으로 주로 시상하부 뉴런에서 생성된다. 출산, 수유, 성적 흥분에 의해 뇌하수체 후엽에서 혈액으로 방출된다.

비즈니스를 할 때 상대방에게 호감을 주는 것은 매우 중요하다. 그 좋은 감정(호감)이 바로 옥시토신을 분비시켜 주기 때문. 깊은 관계가 아니라고 하더라도 상대방에게 친절, 웃음, 외모, 목소리, 분위기, 향기, 의상, 헤어, 액세서리 등으로 취향에 맞게 갖추면 그로 인해 옥시토신이 분비되어 비즈니스 설득률이 크게 올라가게 된다.

미인계는 존재한다!

옥시토신은 사랑과 신뢰의 호르몬이다.

전 세계 유수의 대학들과 심리학자들이 얼굴에 대해 많은 연구결과를 내어놓고 있다. 그중에 흥미로운 것은 내가 대하고 있는 상대방의 얼굴표정에 의해 내 뇌가 반응한다는 것이었다. 내 감정이 메말라 있거나 우울해도 즐겁거나 호감도 높은 사람을 만나면 즉시 상대방의 행복과 감정을 전달받게 된다는 것. 내가 내 얼굴의 표정근에 행복근육(대관골근)을 의식적으로 긴장시켜도 세로토닌이 분비되어 행복해지고 긍정의 효과가 발현된다. 재미있는 것은 내가 웃어주면 나의 뇌도 반응을 하고 상대방의 뇌도 동기화되어 서로 심리미러의 상승효과가 발생하는 것이다. 가까운 일본에서도 스마일 이펙트에 대해 관심이 많아 비즈니스에 적용했더니 웃으며 고객을 대할 때와 그렇지 않을 때 30% 내외의 효과가 달리 나오더라는 연구를 내어놓기도 했다.

옥시토신 호르몬은 사랑과 신뢰의 호르몬이다. 그것은 호감도를 높였을 때 분비되기 때문에 외모를 아름답게 가꾸고, 목소리를 듣기 좋게 내며, 다양하게 노력을 한다면 원하는 바를 어렵지 않게 성취할 수 있을 것이다. 흉악한 테러범이라 할지라도 외모가 출중하면 배심원과 판사님들조차도 인간적 호르몬 분비에 의해 판결에 영향을 미친다는 것은 누구나 공감하는 사실이다. 행복감을 나타내는 표정의 훈련과 습관은 나와 고객들의 옥시토신 분비에 관여하여 반드시 큰 결과를 나타내리라 본다.

5. 얼굴을 바꾸면 인생이 바뀌는가?

이에 대한 독자들의 궁금증이 지대할 것으로 예상된다. 정답을 미리 말씀드리자면 어느 부위를 어떻게 바꾸며, 어떤 노력과 활동을 하는지에 따라 크게 바뀔 수도 있고 거의 바뀌지 않을 수도 있다고 하겠다. 이는 성형이나 이미지메이킹 등으로 크고 작게 얼굴, 신체 등을 변형하는 데에 있어서 성공적으로 잘 되었을 때에 한한다. 그 전보다 못하게 바뀌거나 무언가 밸런스가 맞지 않는 사람은 오히려 인생을 망치는 것이니 꼭 주의하시길.

1) 남자가 성공하는 얼굴상으로 바꾸었을 때

대부분 성공이라는 것은 각계 분야에서 최고의 자리에 올라 '부와 명예'를 얻은 것을 말한다.

유명해져서 인기도 좋아지고 돈도 많으면 남부러울 것이 하나도 없을 것이다. 얼굴은 신기하게도 상황에 맞게 얼굴이 바뀌고, 얼굴을 바꾸면 상황도 바뀐다. 심리성향의 부분에서도 그렇고 타인과의 관계에서도 드러난다. 하지만, 얼굴만 부자의 상으로 바꾸고 아무런 변화와 노력이 없다면 무용지물이다. 세상은 움직이고 노력하는 자에게 선물을 준다.

2) 여자가 사랑받는 미녀 얼굴로 바꾸었을 때

하버드대학교에서 연구한 바에 의하면 남성은 예쁜 여성에만 관심이 있고, 여성은 잘생긴 남성과 예쁜 여성 모두에게 관심이 있는 것으로 나타났다. 당연히 세상은 외모지상주의로 지속될 것이고, 몸매관리와 얼굴관리를 잘한 사람은 오랫동안 사랑받으며 인생을 바꾸게 될 것이다.

3) 여성이 미녀이면 비즈니스 신뢰성이 높을까?

여성이 아름답거나 남성이 정말 잘생겼으면 비즈니스에서 실적이 좋아 빨리 성공할까? 대부분 그렇지 않다는 연구결과가 나왔다. 너무 못생기거나 너무 아름다운 여성보다 평범하게 생긴 여성이 더 믿음직하고 신뢰가 간다고 한다. 이는 경계심을 낮추고 친숙하게 다가가야 더 실적이 좋게 나올 수 있음을 의미한다.

though
챕터 2
해부학적 심리기반 이론

본 챕터에서는 얼굴분석심리의 기초가 되는 해부학적 지식들을 배우도록 한다. 앞서 말한 대로 관상학은 얼굴 밖에서 보이는 현상을 통해 해석을 하지만 얼굴심리는 내부에서 바깥을 보며 해석하는 학문이다. 이에 반드시 알아야 할 기초 지식들이 있고 그 대부분이 해부학적 접근이 될 것이다.

1

형태비례학

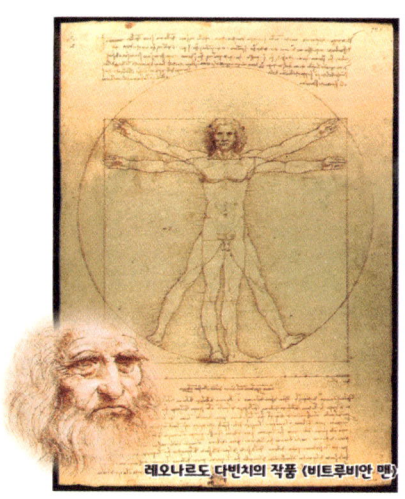

레오나르도 다빈치의 작품 《비트루비안 맨》

얼굴을 포함한 인체는 레오나르도 다빈치의 「인체비례도-비트루비안 맨」과 마찬가지로 정형의 바른 비례를 말한다. 우리의 몸은 수

학적 계산에 의해 설계된 듯한 정확성을 보인다. 정사각형 그림에서 양팔을 벌린 것과 키가 비례함을 알 수 있다. 이는 앉은 상태에서도 양팔을 벌려 그 길이를 재 보면 자신의 키와 거의 유사하다는 것에 놀라게 된다. 이처럼 사람의 신체는 기준점을 찾기 위해 표본이 될 형태비례학이 발전하게 되었다. 얼굴분석행동심리학에서도 통계적 기준점이 필요하기 때문에 이마의 크기, 눈의 크기, 돌출 정도, 코와 입의 크기 등 기준점이 존재한다. 해부학과 미술학 등을 배우는 분들도 기본적으로 형태비례학을 먼저 배운다. 얼굴분석심리를 배우고 익히기 위해서는 상대방의 얼굴이 표준치에서 얼마나 벗어나 있는지를 관찰하고 파악해야 한다. 그것이 그 사람의 심리성향이기 때문이다. 인체비례학의 특징은 반드시 자신의 몸에서 기준하여 측정하여야 한다는 것이다. 예를 들어 이마의 크기를 살필 때 '몇 센티가 표준이다'가 아니라 자신의 2, 3, 4지 손가락 세 개를 붙여서 이마에 대었을 때 그것이 그 사람의 기준치가 된다. 남의 신체 부위나 측정 잣대를 이용하여 내 몸을 형태비례로 찾아낼 수는 없다. 또 하나 간과하면 안 될 것이 있다. 얼굴은 인생의 긴 세월 동안 쉬지 않고 변화한다는 것이다. 성장기에는 20년간 길어지고 커지고 튀어나오며, 성인의 20년은 유지되며, 노년의 긴 세월 동안 뼈, 근력, 피부 수분 손실 등으로 밑으로 처지거나 늘어나고 축소된다. 그래서 아이들은 둥그런 얼굴형이 많으며, 노년의 얼굴은 긴 형태를 지니게 된다. 형태비례는 남녀노소와 연령대의 시기에 따라 점차 변화한다는 사실을 반드시 인지해야만 한다.

1. 얼굴의 3등분(삼정론) 형태비례

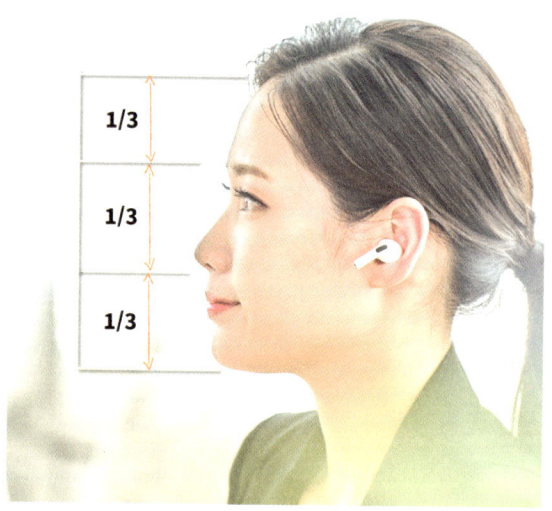

  얼굴은 이마 부위(발제에서 눈썹까지), 눈썹에서 인중까지, 인중에서 턱까지 3등분을 한다. 이를 관상학에서는 삼정론이라 하며, 서양에서도 각 3등분이 형태비례의 표준이다. 윗부분을 상정, 중간을 중정, 아래를 하정이라 부르며 어느 한 부위가 더 넓거나 좁을 수 있다. 참고로, 상정에 해당하는 이마는 두개골의 전두엽(뇌)가 있는 곳이고 중정과 하정은 비강과 구강이 있는 몸의 영역이다. 이렇게 안면골의 얼굴 부위를 3등분하는 이유는 뇌와 몸의 밸런스를 보기 위함이다. 우리의 머리는 두개골 부위와 안면골 부위로 나뉘며 전두엽이 있는 이마 부위는 서로 겹치는 곳이다. 이곳을 기준으로 잡아 얼굴의 눈썹 아래 중정과 하정의 비율을 본다.

2. 이마의 형태비례

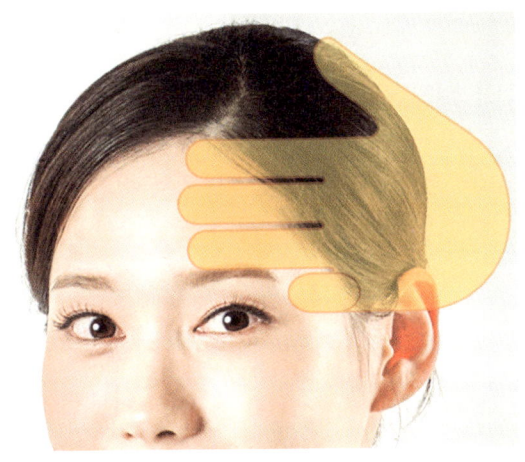

 성인의 이마는 자기 자신의 2, 3, 4지(1-엄지, 2-검지, 3-중지, 4-약지, 5-소지)를 붙여서 이마 눈썹 끝에 대었을 때 형태비례가 된다. 이때 발제(髮際, 머리카락과 이마가 닿는 부위)까지 세 개가 닿으면 표준이나 이마가 좁은 사람은 2, 3지 두 개나 두 개 반 정도 되는 사람들도 있다. 또 어떤 이는 2, 3, 4, 5지 네 개가 들어가거나 대머리마냥 훨씬 넓기도 하다. 사실 이마의 넓이는 나이에 따라 달라질 수 있다. 어린 시기는 두뇌(두개골 부위)가 먼저 자라고 얼굴(안면골 부위)가 서서히 성장하면서 자란다. 그로 인해 이마와 나머지 부위의 비율이 달라질 수밖에 없다. 성인 때에도 스트레스나 여러 문제로 인해 탈모가 진행되면 이마는 넓어지고, 노년기에는 근골 손실이 일어나므로 안면변형이 이루어진다. 이마의 형태비례는 인생의 긴 세월에 따라 변한다고 보는 것이 맞다.

3. 미간의 형태비례

　양 눈썹 사이 미간(관상용어로 인당, 명궁이라고도 한다)의 형태 비례는 자기 손가락의 2, 3지 첫 번째 마디 두께로 본다. 손가락은 위로 좁고 아래로 넓기 때문에 두 개를 붙였을 때 첫 번째 마디 부위로 판단하여 이보다 좁거나 넓은 것으로 해석하면 된다. 형태비례학에서는 손가락 두 개 마디 두께라고 했지만 사실 한 개 반 정도가 평균치에 들어간다. 동양인과 서양인의 형태비례가 확연히 다르며, 인종 간의 특징에 따라 다르니 전 세계인의 평균치를 내기는 어렵다. 미간도 추미근과 비근근의 긴장도에 따라 좁아지는 경우가 많다. 미간 세로줄이 깊게 패일수록 그 사이의 간격이 좁혀진다. 눈썹이 있는 피부는 표피와 진피, 피하지방, 표정근과 안면골로 나뉘어져 있으며 심리상태나 영양상태 또는 나이에 따라 변화한다.

4. 코와 귀의 형태비례

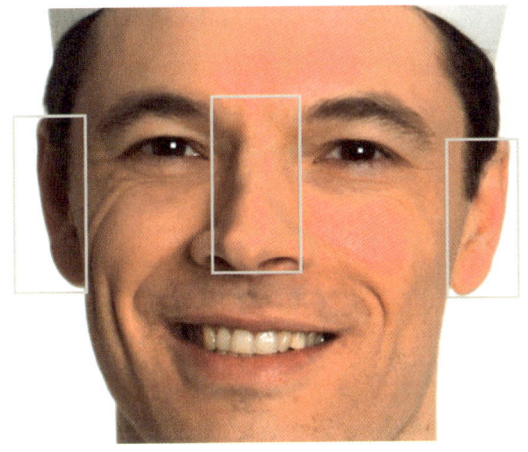

코는 미간에서 인중(코끝 아래)까지로 보는데 동양 사람들은 눈 사이가 깊게 들어가 있어서 그 부위부터 코라고 생각하는 경우가 많다. 하지만 서양 사람들은 미간에서부터 곧게 뻗어 내려와 실제 코의 형태를 이룬다. 이 코의 길이는 양쪽 귀의 길이와 같은 높이로 형태비례가 된다고 본다. 어린이는 코 생성이 늦기 때문에 성인이 되기 전까지 코의 길이를 가늠하는 것은 어리석은 일이다. 두개골은

6세 내외에 90%까지 자라고 성인 때까지 매우 서서히 자란다. 하지만 안면골은 키와 함께 성인의 나이 때까지 급격히 자라난다. 키의 성장 속도와 얼굴의 성장속도가 달라 보이는 것은 비율 때문이다. 큰 변화는 잘 안 보이고 작은 변화는 눈에 잘 띄지 않는다.

5. 머리 폭과 눈의 형태비례

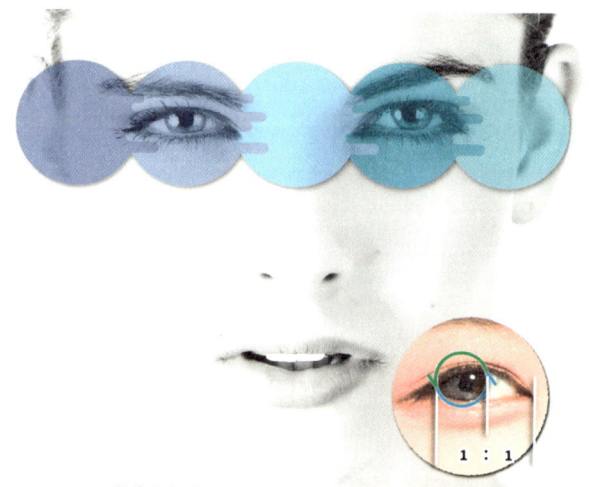

형태의 외곽률로 인해 길이를 가늠하기 어려울 땐 눈을 한쪽으로 돌려서 1:1이 되도록 하면 보다 쉽게 형태비례를 측정할 수 있다.

안면 얼굴의 가로폭 기준은 눈의 가로폭이다. 대략 눈 다섯 개의 길이 폭이 얼굴 폭과 비례한다고 알려져 있다. 보통 전문가들도 가로폭을 잴 때 튀어나온 귀까지를 기준하지만 그건 큰 실수이다. 귀는 성장기의 잠자는 습관에 따라 바깥으로 나올 수도 있고 머리에 붙어 있을 수도 있기 때문에 기준이 될 수 없다. 자신의 얼굴(머리) 가로폭의 기준은 얼굴과 머리 중에 가장 가로로 튀어나온 골격이어야 한다. 측두골이 튀어나왔거나 관골이 가장 튀어나왔다면 그 골격의 수직선상에서 폭을 기준으로 하는 것이 좋다. 무엇이든 단단한 골격 기준이 되어야 한다. 참고로 눈의 폭도 명확지 않게 인지가 된다. 눈을 크게 시술한다고 하여 앞트임 또는 뒤트임을 하는데 그렇다고 눈이 커지는 것이 아니다. 눈의 가로폭 크기의 기준이 공막이 되면 너무 작아지고, 상안검의 경계인 속눈썹으로 하면 너무 넓어지기 마련이다.

눈의 좌우 가로폭을 기준으로 하여 눈과 눈 사이의 거리는 눈 한 개와 비례한다. 이는 공막의 기준이 아닌 눈 앞머리와 눈꼬리의 연장선까지를 통칭하며, 연령에 따라 거리가 조금씩 달라진다고 볼 수 있다. 눈은 검은자위(동공과 홍채)와 흰자위(공막)로 나뉜다. 이때 검은자위의 크기와 흰자위의 비례는 1:2:1로 보는데 눈의 형태가 긴 타원 형태라서 착시효과로 좌우의 길이를 가늠하기가 어려울 수 있다. 때문에 사진을 확대하여 좌우의 길이를 재어 보는 것이 좋다. 눈의 홍채는 크기가 유지되지만 동공은 빛의 상태 또는 호르몬과 감정의 상태에 따라 커지거나 작아지기도 한다. 눈의 형태비례는 남녀노소를 다르게 보아야 한다. 어릴 때는 흰자위(공막)보다 검은자위의 넓이가 더 넓은 경우가 많다. 몸에서 머리가 가분수처럼 큰 것처럼 눈도 검은자위와 흰자위의 비율이 다르다. 앞서 말한 1:2:1은 성형외과에서 아름다운 여성의 눈 비율을 이야기할 때를 말한다. 남성은 대체로 검은자위가 작은 편이고 노년기에 접어들수록 남녀 모두 작아진다. 이는 안구의 해부적 모양을 보면 쉽게 이해할 수 있다. 우리의 몸에 70% 내외가 수분이듯이 안구 내부에도 유리체(琉璃體)라는 투명한 젤 형태의 물질이 가득 차 있다. 나이가 들면 젤 형태가 물처럼 된다. 노년 또는 급격한 다이어트나 스트레스가 쌓일 때 수분이 줄어들어 눈이 작아지고 안으로 들어간다. 이로 인해 안구의 표면적이 변화하여 검은자위와 흰자위의 크기나 비율이 변화할 수 있다. 작은 차이일 수 있으나 얼굴분석에서는 큰 변화로 리딩한다.

6. 입 폭의 형태비례

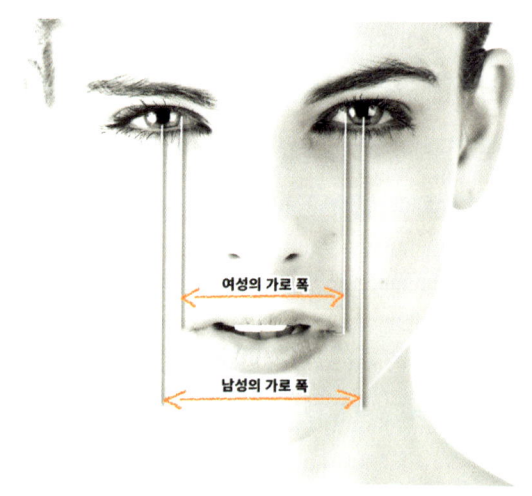

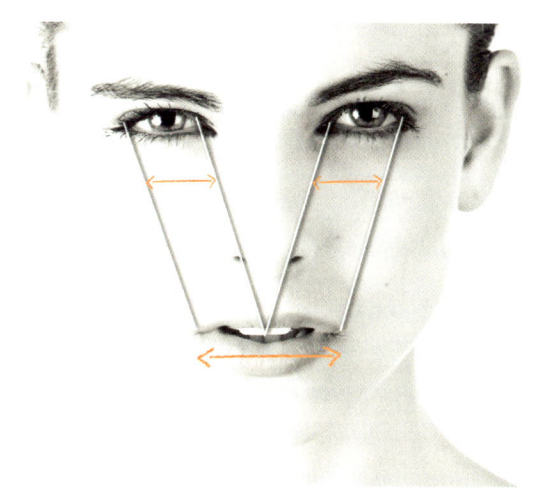

　입은 크다거나 두껍다고 표현할 수 있다. 두께는 상하의 길이이며 크다는 것은 좌우로 넓다는 걸 의미한다. 통상적으로 입이 넓으면 두께도 두꺼워지므로 입이 크다는 말은 넓고 두껍다고 보는 것이 맞다. 눈과 입은 형태비례한다. 눈의 좌우 끝 공막까지의 길이를 두 개 붙였을 때 입의 폭과 같다. 또는 여성의 경우 양 눈의 검은자위 안쪽에서 수직으로 선을 그어 내리면 입 끝(구각)에 비례한다고 보며, 남성의 경우 양 눈의 동공 정중앙에서 수직으로 선을 그어 내리면 입 끝에 닿아 형태비례한다고 볼 수 있다. 이에 기준하여 입이 넓은지 좁은지를 판단하면 좋을 것이다. 참고로, 입은 구륜근이라 하는 둥근 근육으로 되어 있어 심리상태, 피하지방 등에 따라 긴장과 이완을 반복하여 크기가 약간씩 달라지기도 한다. 재미있는 사실은 살이 쪘을 때와 빠졌을 때의 입 크기가 달라진다는 것이다. 양 볼에 지방층이 많으면 표면적이 넓어지며 입을 가로로 밀어 주기 때문에 작아진다. 많이 웃거나 입에 힘을 주는 습관이 있어도 평상시의 크기에 변화를 주게 된다. 이처럼 우리의 얼굴은 시시각각 변화하므로 이를 통해 심리상태와 건강 등을 유추할 수 있는 것이다.

7. 머리와 키의 형태비례

형태비례는 얼굴뿐만 아니라 몸 전체적으로 비례하는 곳이 많다. 자신의 키는 양팔 거리와 거의 같다고 볼 수 있는데 이는 앉은 상태에서도 키를 거의 유사하게 잴 수 있다는 것을 의미한다. 다만 앉은 상태나 몸의 유연성 또는 비만 유무에 따라 몇 센티 정도의 오차는 생길 수 있다. 머리 높이의 8배가 자신의 키와 비례한다는 8등신(일반적으로 7.5등신이 맞으나 얼굴의 높이로 8등신의 기준을 보는 것이 오히려 더 가깝다)도 일반 상식적으로 누구나 아는 사실이다. 다만 형태비례는 약간의 오차가 발생하며, 그 이유는 인체의 골격과 추간원판, 인대, 근육, 지방층 두께 등에 의해 조금씩 변화가 생기기 때문이다.

8. 코의 폭 형태비례

 코는 미간에서 코끝 준두까지를 말하며, 좌우 폭은 콧망울의 가장 바깥쪽을 기준으로 한다. 코는 콧망울(금갑)의 폭을 코의 가로폭이라 한다. 눈과 눈 사이의 거리가 코의 콧망울과 비례하여 코의 가로폭 비례라고 할 수 있다. 이를 기준으로 하여 콧망울이 넓은지 좁은지를 판단한다. 서양의 백인종은 코 폭이 좁고 높으며, 흑인종은 폭이 넓고 낮으며, 황인종은 중간 형태를 지닌다고 볼 수 있다.

9. 입술의 비례

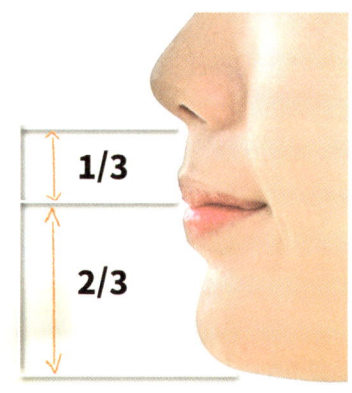

입술은 크게 상순과 하순으로 나뉘며, 더 세부적으로는 하순에 두 조각, 상순에 세 조각으로 구분 지을 수 있다. 인중에 걸친 V형 곡선이 중앙부에 해당된다. 입술의 두께는 상하순이 같은 것을 형태비례로 하는데 어떤 이는 윗입술이 두텁고, 또 어떤 이는 아랫입술이 두터울 수 있다.

상하순의 두께에 대해 명확히 기준을 제시하는 형태비례학은 없으나 본 얼굴분석행동심리학회에서는 측면상으로 볼 때 눈을 뜬 각도와 입술 측면의 각도, 높이를 비례하는 것으로 본다. 눈과 입술의 형태비례를 명확하게 하지 못하는 근본적 이유는 안륜근과 구륜근의 특성 때문이다. 얼굴표정근 중 눈을 감싸는 안륜근과 입을 감싸는 구륜근은 시시각각 감정의 변화에 따라 긴장과 이완이 반복되기에 평균적 측정의 어려움이 있다. 이로 인해 무감정인 상태에서의 계측이 보다 정확하다고 할 것이다. 입술의 높이는 인중 상단과 상순의 하단, 하순의 상단과 턱을 1/3, 2/3으로 비례한다고 본다.

그 외에도 많은 형태비례가 존재한다. 황금비율마스크나 1:1.618의 법칙도 형태비례에 근거하여 나온 설들이다. 황금비율마스크는 얼굴의 밸런스를 맞추고 미모를 갖게 하기 위해 성형외과에서 많이 쓰인다. 자신의 정면 얼굴 사진에 황금비율마스크를(투명 GIF 파일) 덮어씌워 어긋난 곳을 교정하면 누구나 미남미녀가 될 수 있다.

형태비례학은 측정도구가 없을 때 신체 부위를 활용하여 측정하던 임시 계측 방법이다. 또한 많은 사람들의 평균치를 구하여 만든 것이라고는 하나 현대의 수많은 인종에게 동일하게 적용하기에는 무리가 있는 것이 사실이다. 형태비례의 기본은 좌우 대칭 비례이다. 좌측과 우측의 얼굴이 같아야 하며, 피부 아래의 표정근도 명확히 좌우 대칭이 되어 있어야 한다. 근육은 존재하되 장기와 신경, 호르몬, 스트레스 등의 다양한 영향으로 표정근 텐션이 달라지면 얼굴 좌우가 비대칭으로 바뀌게 된다. 얼굴분석행동심리학에서는 이 변화를 읽어서 심리분석, 건강분석, 길흉분석의 자료로 쓰는 것이다. 반드시 알아야 할 얼굴의 기준이 되므로 형태비례학을 꼭 외우고 기준점을 인지하도록 해야 한다.

2

얼굴 십자계측선

1. 얼굴 십자계측(計測)선이란?

얼굴 십자계측선은 가장 중요한 얼굴의 기준선을 말한다. 형태비례학에서는 얼굴의 비례를 오래전부터 강조해 왔지만 실질적인 얼굴의 기준이 어디에서 출발되고, 그 신빙성이 있는지도 알아봐야 한다. 얼굴만을 볼 것이 아니라 얼굴 속에 있는 겹겹이 형태를 보고, 근육과 골격의 특성도 반드시 해석이 되어야 바른 얼굴분석심리가 가능하다. 그런 의미에서 얼굴십자계측선의 이해는 모든 얼굴 관련 학문의 기초라 하겠다.

2. 수평계측선의 기준

눈(동공)을 기준으로 한 얼굴 수평계측선

　십자계측선은 먼저 수평계측선과 수직계측선을 알아야 한다. 얼굴에서 수평을 찾을 수 있는 곳을 연구하다 보니 피부층에 둘러싸인 조직으로 인해 불가능하다는 것을 알았다. 튀어나온 관골을 기준으로 한다고 해도 그것은 대략적인 유추일 뿐이지 정점을 찍을 수 없는 문제가 생긴다. 눈썹의 수평기준은 전두근에 의한 좌우 심리표정근 텐션이 달라질 수 있기 때문에 불가능하다. 가장 크게 움직이는 입 주변 구륜근의 영향으로 입꼬리 구각을 수평 기준으로 잡는 것 또한 전혀 의미가 없다. 귀는 어떨까? 귀의 양쪽 높이가 다른 사람들이 의외로 많다는 걸 아는가? 이처럼 얼굴에는 수평을 기준으로 할 만한 곳이 없다. 단, 한 곳 빼고는. 그곳은 바로 눈의 동공이다. 뇌와 몸에 문제가 있지 않는 한 양쪽의 눈은 수평으로 자리 잡고 있으며, 그 정점인 동공은 매우 작아서 기준점으로 잡기에도 훌륭하다. 또한 두 눈은 양측이 같이 움직이는 동기화가 되어 있고 매우 섬세한 안구 움직임을 보이기 때문에 상사시, 하사시, 약사시 등의 병변이 있지 않는 한 거의 정확한 수평 기준이 될 수 있다고 본다. 이로 인해 얼굴의 수평계측선을 지정하면 될 것이다.

3. 수직계측선의 기준

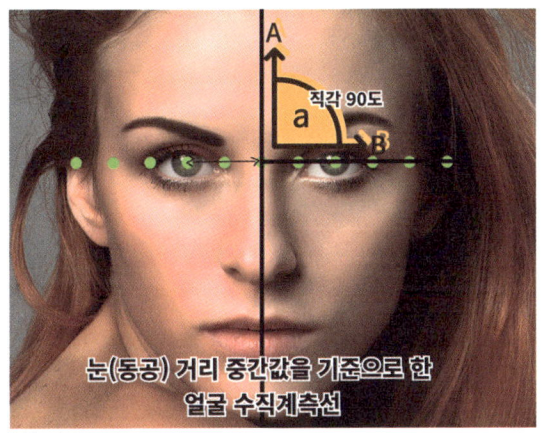

얼굴에서 변형이 잘 일어나지 않는 부위를 찾아 수평 또는 수직의 계측선 기준으로 삼아야 한다. 수평은 양쪽 안구의 동공을 기준으로 삼아 연장선을 그려서 만들었지만 얼굴의 수직은 어떻게 해야 할까? 막연히 얼굴 사진의 중간을 세로로 그린다고 해서 수직계측선이 되는 게 아니다. 두 지점을 직선으로 연결해야 하는데 눈썹의 중앙, 코의 중앙, 인중이나 입의 중앙선을 기준으로 할 수 없다. 그 이유는 눈썹의 경우 추미근에 의한 좌우 비대칭성 위치가 될 수 있으며, 코는 틀어지기 쉬운 뼈대에 코끝 부위는 물렁뼈라서 모양 변형을 의심해 봐야 하기 때문이다. 인중이나 입도 식습관 또는 심리성향, 병증에 따라 주변 표정근의 텐션이 달라져서 입이 틀어지는 경우가 많다. 이때에도 눈을 기준으로 삼는다. 가능한 먼 곳을 바라본 후(여권사진 또는 증명사진이 가장 정확함) 두 동공 지점을 찍어서 거리 계측을 한다. 그 중간값을 점 찍은 후 90도로 기준선을 세우면 '얼굴 수직계측선'이 된다.

4. 얼굴 십자계측선

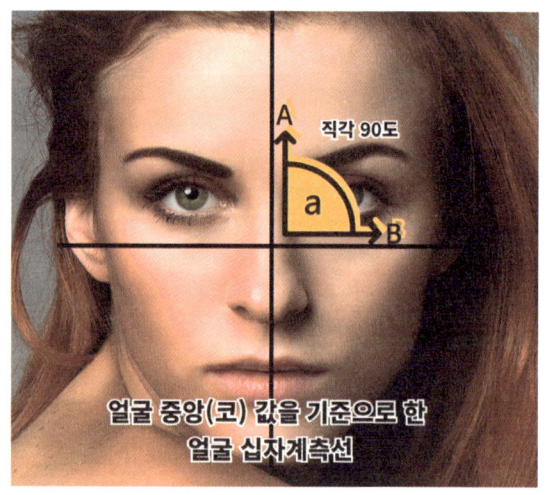

수평계측선과 수직계측선이 눈 사이에서 만났다. 하지만 그 부위가 얼굴의 중앙 기준이 될 수 없다. 얼굴은 크게 3등분하여 이마 부위, 눈과 코 부위, 입과 턱 부위로 나뉘는데 중간에 위치한 중정에서 정중앙을 얼굴의 중심부로 봐야 옳다. 그럼 어떻게 기준선을 잡아야 할까? 눈과 눈 사이의 십자 위치를 코의 중간부분까지 옮기면 된다. 코끝과 인중의 상단부 끝은 엄격히 다르니 인중의 상단지점이라고 하는 것이 더 정확할 듯하다. 이때 얼굴의 사진이 고개를 기울

였거나 표정을 지은 것이라면 측정해서는 안 된다. 무표정 상태에서 바른 얼굴과 몸의 자세를 하고 있어야만 바른 계측이 가능하다. 흔히 사용하는 스마트폰의 카메라는 광각이기 때문에 정대 계측 자료로 쓸 수 없다. 사진관에서 증명사진이나 여권사진을 찍을 때 몇 미터 떨어진 거리에서 DSLR로 줌을 당겨 찍는 모습을 볼 수 있을 것이다. 사람의 얼굴은 멀리서 줌을 당겨 찍을수록 얼굴 외곡률을 줄일 수 있다. 자신의 얼굴 계측을 위해서는 반드시 여권사진을 A4 사이즈로 확대한 후 직각자를 사용하여 정확히 하도록 하자. 이 기준이 중요한 이유는 얼굴의 영역과 대칭성을 판단하는 중요한 지표가 되기 때문이다.

5. 얼굴 측면계측선의 기준

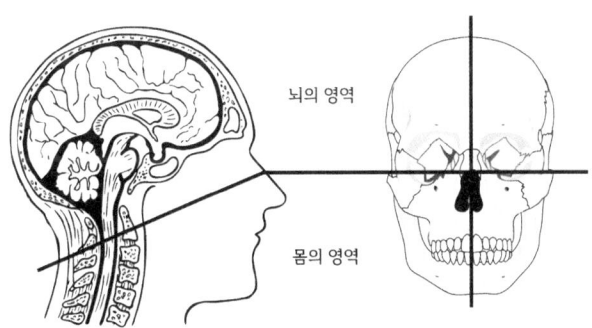

전면을 기준으로 측면과 이어지는
얼굴 측면계측선

얼굴의 측면도 기준설정이 필요하다. 그 기준은 외형기준이 아닌 뇌와 몸의 영역 구분이 되어야 한다. 눈과 귀는 뇌의 영역이며, 코와 입은 몸의 영역이다. 이를 측면 해부학적으로 보게 되면 대각선의 기준선이 나오게 된다. 뇌는 후두부 쪽이 더 넓고 크기 때문이다. 더 정확히 따지자면 뇌는 눈을 포함하며, 척수와 신경계도 포함해야 맞을 것이다. 그림에는 표현되지 않았지만 전면 수평계측선을 연장한 선에서 사선으로 내려 귀 생성 하단부위(귓불이 아닌 얼굴피부에 맞닿은 귀 하단부위)로 지정한다. 사실 자로 잰 듯한 정확성을 기대할 수는 없겠으나 측면계측선은 대략 이 정도 선을 기준으로 한다면 이해하는 데 어렵지 않을 것이다.

  상대방의 얼굴을 분석할 때에는 반드시 피부 외형만을 판단하지 말고 얼굴 내부 또는 십자계측선을 가상으로 그려 넣어 분리하고 분석하는 것이 좋을 것 같다.

3

주요 심리표정근

1. 심리표정근이란?

심리표정근이라는 말은 표정을 짓는 근육에 심리가 작용한다는 말이다. 보통 우리가 생각하는 심리라는 것이 특정 상황에서 올라오는 감정의 흐름을 생각하기 쉽다. 감정이 올라오면 즉시 표정근의 텐션을 조정하여 기분 나쁨이나 화남, 기쁨 등의 희로애락을 표출하게 되는 것이다. 하지만 그 반대되는 연구결과들이 많이 나오고 있는 상황이다. 아무런 상황이 닥치지도 않았는데 얼굴에서 분노, 고통, 스트레스, 우울감의 근육에 힘을 주게 하였더니 뇌파가 그 감정과 똑같이 바뀌며 감정 또한 바꿔 주게 되더라는 것(웃음치료에도 억지웃음이 있다. 웃기지 않는 상황인데도 억지로 웃으니 즐거워지고 행복해지는 호르몬들이 분비된다). 이는 뇌에서의 착각에 의해 이루어진다. 동영상 편집 프로그램으로 1, 2초 단위의 영상과 소리 싱크를 맞추려 하면 쉽지만 0.1초 내외의 매우 짧은 시간을 맞추려 하면 소리가 먼저 나왔는지 영상이 먼저인지 자막이 먼저인지 분간을 하기 어려워진다. 이처럼 우리의 뇌는 수많은 실수와 착각 속에서 나름대로의 해석을 해 나간다. 행복할 때마다 웃었더니 웃음의 근육을 일부러 긴장시켜 보니까 뇌에서 웃는 것으로 판단해 버린다. 좀 더 명확히 말하자면 이런 감정반사작용은 성인에게서 많이 나타난다. 어린 아이들에게 억지웃음이란 게 성인보다 덜 훈련되었으므로 실제 즐거운 상황을 통한 웃음을 주는 게 맞다. 어린아이들에게는 실제 웃음을, 성인들에게는 억지웃음을 줘도 된다는 뜻이다.

표정근 20개가 모두 감정에 크게 기여하는 것은 아니다. 앞서 열거한 주요 표정근들이 직접적인 감정을 만들어 낸다. 재미있는 사실은, 이 표정근들에도 일정한 흐름과 법칙이 있다는 것이다. 화가 나거나, 아프거나, 우울하거나, 슬플 때의 부정적 감정을 먼저 예로 들어 보자. 미간이 찌푸려지고, 콧등에 가로 주름이 잡히며, 입꼬리가 내려가거나 눈을 찡그리게 된다. 가운데로 모이는 것이다. 표정근이 얼굴의 가운데로 모이거나 아래로 향하면 부정과 고통의 감정을 유발한다. 이와 반대로 표정근이 위로 향하거나 바깥을 향하게 되면 웃음과 행복의 감정을 유발하게 될 것이다.

행복해지고 싶다면 행복한 상황을 만들거나 혹은 웃으면 그만이다. 억지로라도 웃어서 행복의 근육들을 훈련시키고 튼튼하게 한다면 그것보다 좋은 심리건강법은 없을 것이다.

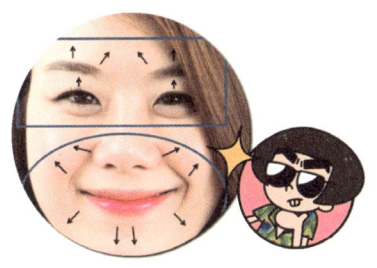

긍정의 표정변화
- 상향, 외향으로 뻗어짐.

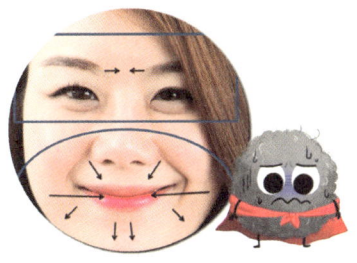

부정의 표정변화
- 하향, 내향으로 뻗어짐.

2. 주요 표정근과 심리 발현

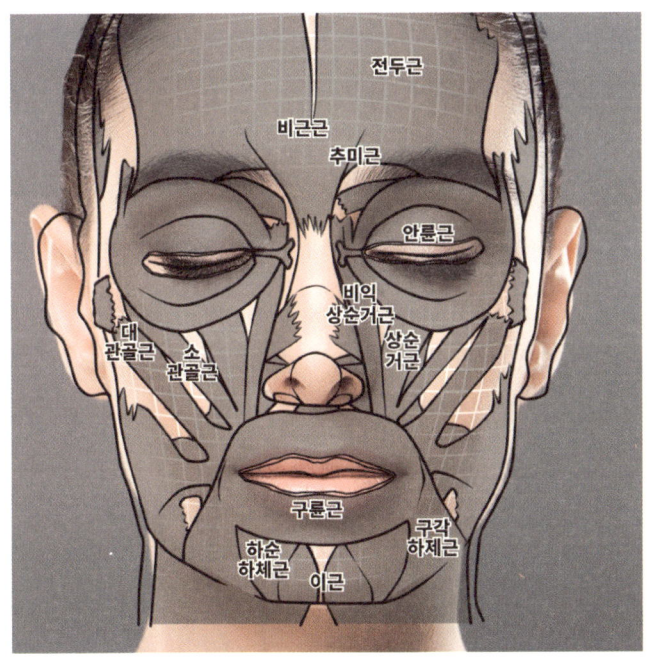

얼굴에는 20개의 표정근이 있고 표정에 관여하지 않는 근육들도 매우 많이 포진되어 있다.

여기에서는 얼굴분석행동심리학에서 자주 쓰이는 근육의 용어와 해설을 담고자 한다.

1) 전두근

이마에 있는 세로근육이며, 눈썹을 위로 올리는 역할을 한다. 부정적 감정보다 행복과 긍정적 감정, 놀라움, 설득, 융화 등의 심상일 때 상향으로 긴장수축이 이루어진다.

[설득과 융화의 심리]

전두근 긴장: 놀람, 설득, 공포, 융화의 감정 생성. 전두근이 긴장되면 이마의 표면적이 줄어들어 가로 주름이 생기게 되며 눈썹과 상안검을 들어 올려서 눈을 커지게 한다.

갑자기 놀랐거나 대화 중 설득하려 하거나 상호간 마음의 소통을 원할 때 무의식적으로 전두근을 긴장시키게 된다. 전후 상황에 따라 심리를 읽는 것이 좋다.

2) 추미근, 비근근

눈썹 앞머리 부위에 있는 근육이다. 미간을 모으거나 찌푸리는 표정을 만들 때 쓰며, 신경 쓰거나 집중할 때 또는 아플 때도 힘을 주게 된다.

[집중과 스트레스의 심리]

추미근 긴장: 눈썹의 앞머리(미두)에 세로줄을 만드는 추미근은 몸의 고통이나 정신적 스트레스, 분노, 짜증, 집중, 질투, 시력저하, 두통 등의 다양한 이유로 무의식적 긴장을 한다. 코 옆의 비익상순 거근과 함께 긴장을 할 경우엔 분노의 감정이나 옹고집의 심리성향이 나오게 된다.

[짜증과 분노의 심리]

비근근 긴장: 미간에서 눈 사이 가운데(산근) 쪽으로 주름을 만들어 인상을 찌푸릴 때 사용한다. 추미근은 스트레스성 긴장을 나타내지만 비근근과 같이 사용될 때에는 많은 짜증과 분노의 감정을 나타내게 된다.

3) 안륜근

눈 주변에 둥글게 펴져 있는 근육이며, 눈을 꼭 감거나 찌푸릴 때 쓴다. 눈을 지그시 감을 땐 안륜근이 아닌 상안검거근의 긴장을 이완하여 자연스레 감기게 한다.

[자기보호, 기쁨의 심리]

안륜근 긴장: 급하게 눈을 보호해야 하거나 감아야 할 때 쓰는 근

육이다. 외부적 위협에 대한 상황인지 시에는 눈을 감게 하고 시각적 충격에 대한 상황인지 시에는 오히려 눈을 크게 뜬다. 눈을 크게 뜨는 것은 안륜근이 아닌 전두근을 사용한다. 안륜근의 아랫부분만 순간적으로 긴장하면 하안검이 수축하면서 두툼하게 올라오는데 이때에는 심리적 충격이나 긴장에 의한 감정이다.

4) 비익상순거근, 상순거근

코의 양옆에 세로로 이어진 근육이다. 얼굴을 찌푸리거나 아픈 표정 또는 분노, 교태 등의 표정 등을 표출할 때 사용된다. 긍정적 감정보다는 부정적 감정에 많이 사용하는 특징이 있다.

[씁쓸한 불만과 마음의 거리 심리]

상순거근 긴장: 윗입술을 들어 올리는 상순거근의 긴장은 드러내기 애매한 불만상황이거나 상대방과의 불편한 거리관계를 나타내기 쉬운 감정이다. 불평과 불만의 감정 시 보통 상순을 앞으로 내밀거나 들어 올리고 또는 하순을 내밀기도 한다. 상순거근이 대관골근과 소관골근의 조합이 될 때는 긍정과 행복의 감정으로 해석된다.

[분노와 고집의 심리]

비익상순거근 긴장: 코의 양옆에 있는 비익상순거근이 긴장을 하면 눈과 눈 사이의 산근을 기준으로 윗입술과 콧망울(금갑)을 위로 들어 올리게 된다. 이때 고집의 심리가 발현이 되는데 추미근과 조

합이 되면 분노의 감정이 표현된다. 성인이 되기 이전이나 유전적으로 부모의 심리가 뼈, 표정근의 정보로 같이 이어진다면 같은 부위의 근육 긴장도가 생성되어 심리감정선이 복제가 된다.

5) 대관골근, 소관골근

관골에 붙어 있는 근육으로 대관골근과 소관골근이 있다. 이 두 가지 근육은 거의 같이 움직인다고 해도 무방하다. 입꼬리(구각)를 사선으로 들어 올려 웃음, 행복, 입벌림 등으로 표현하기 위해 쓰인다.

[행복과 기쁨의 심리]

관골근 긴장: 관골에 붙어 있는 대관골근과 소관골근이 대각선 상향으로 당겨 올라가며 행복과 기쁨의 감정을 만들어 준다. 보통 입꼬리가 올라가 있는 사람은 평상시에 관골근의 사용빈도수가 많아 표정근 근섬유가 강화되어 무표정일 때도 근육 항상성에 의해 위로 당겨져 있게 된다. 입이 넓게 퍼져 있거나 입꼬리가 위로 올라가 있는 경우가 이에 해당된다.

6) 구륜근

얼굴에는 동그란 근육이 세 군데 있는데, 눈 주변의 안륜근 두 개와 입 주변의 구륜근 한 개가 그것이다. 구륜근은 입 둘레에 있는 근육이라는 둥그런 형태이며 입을 오므릴 때 쓰인다. 보통 착각하는 것이 구륜근으로 입을 벌린다고 아는 사람들이 있다. 근육은 당기는 힘만 존재하므로 구륜근의 긴장 시에 입을 오므리며, 크게 벌릴 때에는 대관골근, 소관골근, 상순거근, 비익상순거근, 구각하제근, 하순하체근, 이근 등의 협응에 의한다.

[집착과 긴장, 의식적 심리]
  구륜근 긴장: 구륜근에는 상, 하방으로 다양한 감정성의 근육들이 존재하나 구륜근 자체로는 집착, 몰입, 긴장, 불만 등의 심리를 읽을 수 있다. 구륜근 자체로는 동그란 형태에서 더 작게 오므릴 수밖에 없는 운동성이 있다. 의식이 긴장하거나 집중해야 하는 상황, 불편함과 불만 등의 감정선이 나올 때 구륜근에 힘을 주어 표면적을 작게 만든다.

7) 구각하제근

  입꼬리를 구각이라 한다. 구각을 아래로 당기는 근육이 구각하제근이다. 과묵한 성향이나 아집이 강할 때 구각하제근이 긴장하여 입꼬리를 아래로 끌어당긴다. 이를 관상학에서는 역궁형이라고도 한다.

[슬픔과 고집의 심리]
  구각하제근 긴장: 입꼬리(구각)를 아래로 내리는 구각하제근이 긴장을 하면 마음에 폐쇄적이거나 고집스러움, 우월감, 불만, 의식적 몰입 등의 감정이 나타나게 된다. 이를 통해 잦은 동일심리 발현이

될 경우 아래치아가 노출되어 상대를 제압하거나 가르치려는 성향이 나오고 정적이며 외로운 감정으로 치닫게 되는 경우가 많다.

8) 이근, 하순하체근

아랫입술인 하순을 끌어내리는 근육이 하순하체근과 이근이다. 이 두 개 근육이 긴장하면 아랫잇몸을 드러나게 하거나 아랫입술이 나오게 하여 불평불만, 고집, 주관적 성향을 불러일으킨다.

[불평과 불만의 심리]

이근 긴장: 아랫입술(하순)을 내밀 때 이근을 사용하며 불평불만의 감정이 나타날 때 사용한다. 보통 주장이 강할 때 구륜근에 힘이 들어가면서 이근에 힘을 주어 아랫입술을 앞으로 내밀게 된다.

[우월심과 고집의 심리]

하순하제근 긴장: 아랫입술을 밑으로 내리는 근육으로 말을 할 때 하순하제근을 자주 사용하면 아래치아 노출형이 된다. 구각하제근과 마찬가지로 고집스러움이나 우월성, 가르치려는 성향을 띠게 되며 의식의 집중을 통해 효율적 언어전달을 하려 한다. 보통 무감정의 상태에서 상대방에게 자신의 의사를 표현하고 전달하려 할 때 몰입할수록 하순을 사용하게 된다.

9) 그 밖의 표정근

이 외에도 여러 얼굴표정근이 존재한다. 하지만 대부분 위의 근육들이 서로 협응하고 조합되어 다양한 표정을 나타내게 된다. 다른 근육들이 나타내는 시그널은 크게 중요치 않은 경우가 많으므로 위의 주된 근육들에 초점을 맞추어 학습하면 좋을 것이다.

3. 주요 얼굴 부위 용어

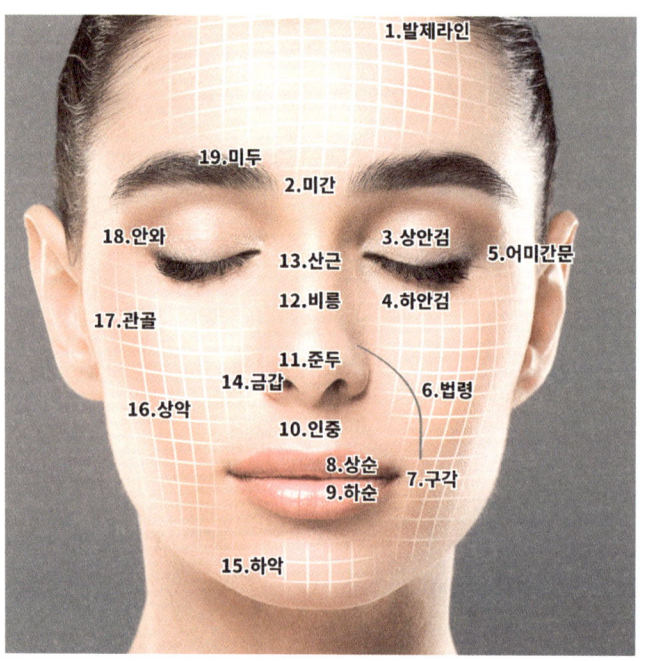

얼굴의 부위별 명칭은 피부학적, 해부학적, 관상학적 용어 등이 많으나 일반적으로 통용되는 수준에서 설명하고자 한다. 같은 부위라도 다른 명칭으로 불릴 수 있다는 것에 유의하자.

1) 발제라인(헤어라인)

이마에 머리카락이 나는 경계라인을 뜻한다. 이마의 전체적인 라인으로 보면 좋을 것이다.

2) 미간(인당, 명궁)

눈썹 사이를 미간이라 하며, 관상학적으로는 명궁 또는 인당이라고도 불린다. 눈썹이 나지 않은 부위이다. 미두 부위의 추미근과 비근근의 긴장도에 따라 좁아질 수 있다.

3) 상안검(전택궁)

눈의 윗꺼풀을 말한다. 좀 더 넓게 보자면 눈썹 아래 부위를 말하고 관상학적으로는 12궁 중에 전택궁이라 한다. 눈은 상안검 안에 있는 상안검거근에 의해 열리고 닫히는 해부학적 구조를 가지고 있다.

4) 하안검(와잠, 자녀궁, 애굣살)

눈의 아래 부위를 말한다. 웃을 때 올라오는 애굣살 부위를 관상학에서는 와잠 또는 자녀궁이라고 부른다. 안와의 아래 부위이며 나이가 들어가면 눈 밑 지방이 내려와 처지게 된다.

5) 어미간문(부부궁, 처첩궁, 눈꼬리)

눈의 바깥쪽 눈꼬리 부위를 말한다. 웃을 때나 찌푸릴 때 생기는 주름의 형태를 읽는 곳이며, 관상학적으로 부부궁 또는 처첩궁이라고도 불린다.

6) 법령

코의 양 옆으로 뻗어 내려가는 깊은 골을 말한다. 보통 팔자주름이라고도 하며, 깊게 패인 정적(고착) 주름과 표정 지을 때만 보이는 동적 주름으로 나뉜다.

7) 구각

구각은 입꼬리 부위이다. 정확히는 구각과 해각으로 나뉘는데 통상적으로 구각이라 칭한다. 입꼬리가 올라가거나 아래로 내려가는 형태가 많고 옆으로 벌어질 때도 있다.

8) 상순

윗입술을 말한다. 상순의 넓이와 두께, 튀어나옴 정도를 본다.

9) 하순

아랫입술을 말한다. 보통 윗입술과 비슷하거나 조금 두터운 사람들이 많다.

10) 인중

코와 입 사이의 세로 골을 인중이라 한다. 이 부위의 생성 이유를 모르는 이들이 대부분인데 인중은 입을 넓게 벌릴 때 가운데 피부가 갖는 이완의 한계성을 극복하기 위해 부채꼴처럼 접혀진 형태를 취한다.

11) 준두

두툼한 코끝을 말한다. 이 부위가 뾰족한 사람도 있고 두툼한 사람도 있다.

12) 비릉

코는 해부학적으로 뼈가 있는 상부와 연골로 되어 있는 하부로 나뉜다. 비릉은 뼈가 솟아난 부위를 뜻한다.

13) 산근

눈과 눈 사이의 움푹 들어간 부위이다.

14) 금갑

양쪽 콧망울을 말하며, 콧구멍이 클수록 금갑이 크거나 넓게 펴져 있다.

15) 하악(하관)

아래턱 부위이며, 하악골 부위라고도 한다. 관상학에서는 하관이라고 부른다.

하악은 저작근에 의해 움직이며 사람이 죽으면 두개골이나 안면골과 다르게 하악 부위는 떨어져 나가게 된다.

16) 상악

위 치아가 붙은 넓은 뼈대 부위를 말한다.

17) 관골

보통 일반적으로 광대뼈 부위라고도 한다. 안면골에서 바깥으로 튀어나온 곳이며, 눈구멍(안와)의 바깥을 지지하는 중요한 뼈대 부위이다.

18) 안와

눈구멍을 말한다. 안구는 겉보기보다 크기가 크며, 안면골의 안와 속에는 눈을 움직여 주는 6개의 근육과 지방층 등이 있다.

19) 미두

눈썹의 앞머리 부위를 말한다. 눈썹의 꼬리보다 앞머리가 중요한 이유는 움직여 주는 방향이 눈썹꼬리가 아닌 머리 방향이기 때문이다.

챕터 3
비즈니스 심리분석 테크닉

1

누구나 쉽게 활용하는 기본 분석법

1. 특정 구분에 의한 유형분석법

사람은 누구나 얼굴, 외모 전체를 이미지화하여 느낌으로 뇌에 저

장하려 한다. 얼굴표정에서 느껴지는 감정변화와 심리의 추론을 이미지로 통틀어 알고자 하는 평상시의 습관이라 할 수 있다. 세분화된 분석이 아닌 큰 테두리 안에서의 이미지적 심리분석을 '이미지 얼굴분석'이라 한다. 말 그대로 전체적 분위기나 느낌으로 상대방을 유추하기도 하는데 이것이 꼭 틀린 것만은 아니다. 우리의 뇌와 눈은 사회생활을 하며 이미 많은 경험과 데이터를 축적해 놓았기 때문에 적절한 기억을 더듬어 내어 나름대로의 유형분석을 하게 되는 것이다. 아래의 기본적 유형분석 이외에도 좀 더 세분화된 분석법이 있으나 본 책에서는 초급의 수준을 유지하고자 하여 매우 기초적 분석법만을 제시하고자 한다.

1) 젠더(Gender) 4분류 분석법

세상의 인간은 기본적으로 남자와 여자로 나뉜다. 이를 더 세분화하자면 남자다운 골격의 남자, 여성스러운 골격의 남자, 여성스러운 골격의 여자, 남성스러운 골격의 여자이다. 즉, 남자도 남성스럽고 여성스러운 부류로 나뉘며 여성도 여성스러운 부류와 남성스러운 부류로 나뉜다는 것이다. 키가 크거나 뼈가 굵은 사람들은 성별에 관계없이 남성의 성향이 녹아 있다. 예쁜 여성의 외모를 가졌다고 해도 골밀도에 따라 심리성향이 다를 수 있다는 것이다. 더 나아가 뼈는 근육과 인대에도 밀접한 관련이 있다. 뼈가 튼튼해지려면 칼슘섭취만 많이 해서 되는 게 아니라 적당한 압력을 주는 근육운동이 반드시 필요하다. 수시로 움직이거나 운동하는 습관이 있는 사람들은 항상 에너지가 활기차고 목소리도 우렁차다. 그 자신감이 남성스러움을 보여 준다고 할 수 있다. 급격하게 움직임이 많은 스포츠를 즐기는 사람들은 근골격계가 발달함과 동시에 심폐지구력과 심장, 혈관 등도 건강해진다. 심박수도 늘어나고 혈류량의 증가가 눈에 띄게 늘어나게 된다. 이는 급한 성격과 분노조절장애와 같은 순간적 심리 변화에도 영향을 끼친다. 심리성향은 말 그대로 남성다운 남자는 역동적이고 활기차며 상남자스러운 언행을 한다. 여성스러운 남성은 키가 작고 왜소하거나 혹은 턱이 뾰족하거나 골밀도가 적은 부류이다. 한눈에 봐도 여성스럽게 생긴 유형이다. 오랜 과거와 달리 꽃미남이 성행하기 시작한 90년대 중후반부터 이러한 여성스러운 남자유형이 인기를 끌기 시작했다. 좀 더 소프트하고 비폭력적이며, 디테일한 감성을 갖기 때문에 여성의 마음을 잘 헤아려 주고 친근한 장점이 있다.

여성스러운 여자는 동양이나 특히 한국, 중국, 일본 주변에서 많이 보인다. 문화상의 차이도 있겠지만 손과 발이 작은 여성, 얼굴이 작고 갸름하며 키도 크지 않은 여성이 이에 해당한다.

애교가 많거나 목소리가 가늘고 매끄러울수록 여성성이 강하다. 그와 반대로 남성스러운 여자도 많다. 서양의 키 크고 늘씬한 미녀들도 코가 높고 사각턱에 관골이 나오는 유형이 많다. 이는 적극성과 주체성을 나타내며 동양 여성에 비해 남성 의존도가 낮은 편이다. 골밀도와 크기는 심리성향을 여성적이거나 남성적으로 판단하는 기준점이 될 수 있다. 물론, 가정 환경과 호르몬, 건강 등 여러 변수로 이와 다르게 나타나는 심리성향도 많음을 인지하도록 하자.

더 명확히 말하자면, 골격이 주가 되지만 근육의 밀도와 강도, 호르몬 영향 등에 따라 심리성향이 달라지게 된다. 통상적으로는 얼굴의 골격을 보게 되는데 동양인보다 서양인들의 키가 크고 골격이 굵고 큼을 알 수 있다. 우리가 말하는 심리라는 것이 일평생 살면서 항시 똑같다고 생각하는 것은 큰 오류이다. 관상학에서 이야기하는 근골질(근육과 골격이 발달한 투쟁형 인간)을 예로 들어 보자. 관골과 하관 등이 발달하여 남성스럽게 뼈가 튀어나온 사람이다. 정사각형 또는 직사각형처럼 얼굴이 뼈로 각이 진 형태. 이런 유형에게 특정 변화로 인하여 살이 찌면 어떻게 될까? 얼굴의 십자기준선으로 살펴볼 때 아래에서부터 지방이 차오른다. 살이 쪘을 때 이마나 눈 부위가 살쪄서 눈뜨기 힘든 적은 없을 것이다. 하관에 살이 차오르고 볼이 통통해지면 법령(팔자주름)과 입이 작아지기 마련이다. 진피층과 피하지방 면적이 늘어나면서 살이 얼굴 가운데로 모여들기 때문이다. 반대로 살이 빠지면 입이 커지는 효과를 볼 수 있다. 단, 입 주변의 구륜근은 근섬유가 긴장하여 안으로 모이게 하는 역할을 할 뿐 커지게 하지는 않는다. 웃게 하고 입을 크게 하는 근육은 구륜근이 아니라 그 주변에 있는 대관골근, 소관골근, 구각하제근 등이다. 호탕하게 웃으며 스트레스를 줄일 때 입은 자연적으로 커지고, 스트레스를 많이 받거나 음식을 많이 먹어서 비만이 되면 입은 작아진다. 이는 소심한 성향으로의 심리적 변화를 초래한다.

2) 삼형질(S.T.C) 3분류 분석법

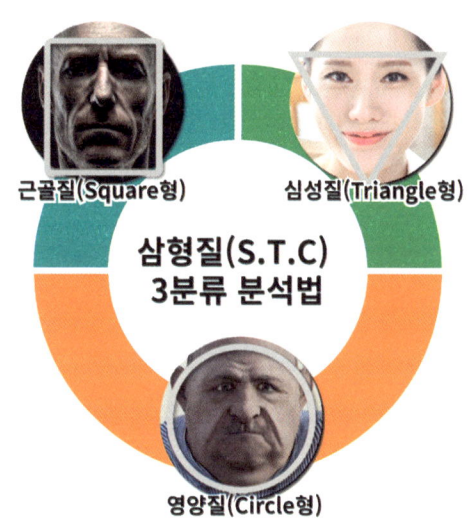

관상학에서 말하는 삼형질과 맥을 같이한다. 근골질(금형), 심성질(목형), 영양질(수형)으로 칭하며 근골질은 근육과 골격이 발달한 사

람을 말하고 심성질은 얼굴이 갸름하고 소프트한 형을 말한다. 영양질은 얼굴이 동그랗게 보이는 비만형이라 보면 옳을 것이다. 이는 남자의 삼형질과 여성의 삼형질로 성별에 의해 구분될 수 있다. 얼굴분석행동심리학에서는 근골질이라 해서 사람의 얼굴을 꼭 네모 안에 넣는 게 아니라 각이 진 형을 뜻한다. 사실 사람의 얼굴이 관상학에서처럼 네모, 긴 네모, 역세모, 마름모, 동그라미 등으로 나뉠 수 없다. 이것은 해부학이 발달하지 않은 관상학의 오류이다. 헤어를 다 밀어 버린 마른 사람의 얼굴을 전체적으로 동그랗게 보인다고 하여 영양질(수형, C형)이라 칭하는 방송이 나온 적이 있는데 이는 큰 문제이다.

인간의 안면 두개골은 누구나 비슷한 형태의 해부학적 원칙을 지닌다. 뇌가 있는 전두 부위, 눈이 들어가고 눈썹과 코, 관골이 튀어나오는 안와 부위, 아래턱이 있는 하악 부위가 그것이다.

이 형태는 얼굴이 각이 지건, 뾰족하건, 둥글건 관계없이 동일하다. 안면골 위에 안면근육들과 안면신경, 피하지방, 진피층과 표피층, 눈썹과 수염 등이 차례로 겹을 만들어 얼굴이 형성된다. 이때 식습관과 운동, 나이, 병증 등의 여러 영향들에 의해 골밀도 손실이나 지방세포들이 비대해져 외면에서 보는 얼굴의 형태가 바뀌는 것이다. 더 쉽게 설명하자면 원래 사람이 삼형질처럼 나뉘는 게 아니라 골격이 근골질형과 심성질형 두 가지만 존재하는데 근골질형은 원래 남성성의 형이고 심성질형은 여성성의 형이다. 이에 두 부류가 각기 근육운동을 열심히 하게 되면 몸과 얼굴의 지방층이 줄어들고 근육과 골격이 튼튼해지며, 신경계통과 혈관건강, 호르몬 정상화 등의 요인으로 역동적이며 활기찬 사람으로 변하게 된다. 얼굴 각이 네모형이든 역삼각형이든 이는 같다고 보는 것이 맞다. 이 두 형의 각에 따라 S형(Square)과 T형(Triangle)으로 부른다. S형과 T형의 근육질이었다가 살이 찌면 비만 영양질인 C형(Circle)이 된다. S형이 살찌면 C형이 되고, T형이 살쪄도 C형으로 변하며, C형이 살을 빼고 근육운동을 많이 하면 안면골격 형태에 따라 S형 또는 T형이 되는 것이다. 이 원리를 아는 관상학자들이 거의 없는 이유는 해부학과 현대 서양의학에 약하기 때문이다. 관상학 자체가 중국에서 기원하였고 동양에서는 해부학이 발달하지 않았기 때문이며, 얼굴 외부에서 보이는 형태만을 판단한 오류라고 할 수 있다. 네모 각진 형만이 근골질이 될 수 있다면 해병대 같은 특수부대원들은 모두 얼굴 각이 네모형이 되어야 한다. 하지만 그들은 의외로 여성 골격의 T형과 비슷한 부대원들도 많다.

  결국 STC 구분 방법은 골격이 S형인지 T형인지만을 확인한 후 근육질, 마른 비만, 비만의 정도를 파악하면 된다. 재미있는 사실은 평생 같은 유형이 아니라 살을 빼거나 운동을 하거나 다시 살이 찌는 시기에 따라 얼굴유형과 심리성향이 달라지게 된다는 것이다. 결국 심리는 뇌와 몸의 상태에 따른 호르몬 분비의 변화이다.

2. 지배 부위를 찾는 부분분석법

 평상시의 이미지 시선이 아니라 얼굴의 모든 부분을 각 부위별 단위로 나누어 구체적인 연구통계에 의한 심리분석을 하는 것을 '부분 얼굴분석'이라 한다. 얼굴분석을 하는 것은 초심자에게 어려울 수도 있다. 알아야 할 것도 너무 많고 훈련해야 할 것도 많기 때문이다. 하지만 가장 빨리 리딩하는 테크닉이 바로 부분분석이다. 어느 한 부위만을 보고 해석하는 방법. 100%로는 아니더라도 거의 80~90% 이상은 부분분석으로도 알아낼 수 있다. 그 이외의 맞지 않는 부분은 조합분석법과 이미지분석법, 생극조직분석법 등으로 명확히 찾아낼 수 있다. 이 책에서는 부분분석법을 위주로 초심자를 겨냥하여 알려 주고 있으니 다음 예시를 하나하나 배워 가며 활용해 보도록 하자.

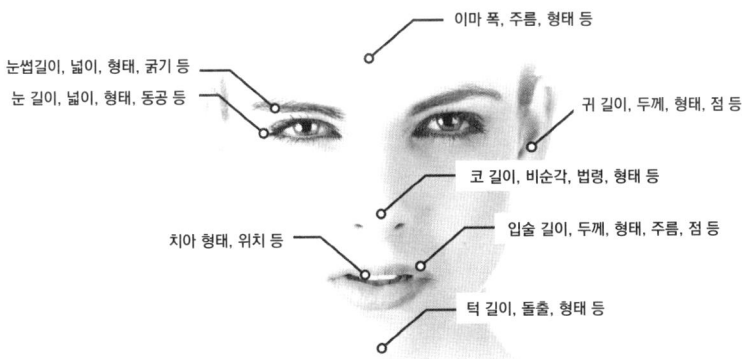

1) 눈이 큰 고객(내담자)을 만났을 때

감정이 깊다.
이성의 관심.
시각적 욕심.

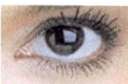

눈이 크다는 의미: 가로의 폭이 아니라 상안검과 하안검의 세로 뜬 눈의 벌어짐을 뜻한다.

심리분석: 눈을 뜬다는 건 상안검거근이라는 눈 안쪽의 근육이 긴장했을 때를 말한다. 더 크게 눈을 뜨기 위해서는 눈썹을 올리는 이마의 전두근이 긴장하여 위로 당겨 올려질 때 가능하다. 눈은 둥근 구면으로 넓은 시야각을 갖기 때문에 크게 뜰수록 주위를 받아들이기 좋다. 사람은 공포감이나 놀라움을 느낄 때 눈이 커진다. 이는 변화에 빨리 대응하기 위함이다. 눈이 큰 사람은 시각적인 보고 싶은 자극이나 갖고 싶은 욕심이 많은 편이다. 눈이 큰 것은 위협적이지 않다는 것을 뜻하기도 한다. 그래서 눈이 큰 사람은 예쁘다는 것 이전에 안전하다는 의미로 해석하는 것이 맞다. 안전함과 편안함 이후에 아름다움의 감정이 생성된다.

비즈니스 조언: 눈이 큰 고객을 만났을 때는 시각적인 것에 민감하다. 좋은 컬러, 디자인, 표정, 매너, 이미지 등 상대방의 전체적인 것을 살피는 특징이 있다. 보고 싶고 갖고 싶은 욕심이 많은 유형이니 시각적으로 전략을 짜고 보다 호감형으로 친근하게 다가가는 것

이 승률에 도움이 된다. 남자건 여자건 이성에 대한 관심이 많고 외모를 많이 따지는 경향이 있다. 자신의 외모가 부족하다면 미남미녀형의 친구나 지인을 대동하는 것도 좋은 방법. 특히 눈 밑 와잠(애굣살)이 도톰하거나 눈웃음이 있고, 속눈썹이 길거나 겉눈썹이 진하면 백발백중.

2) 비순각이 높거나 낮은 고객(내담자)

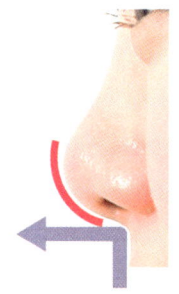

비순각: 양쪽 콧구멍 사이의 콧기둥이 세워진 각도를 말한다.

심리분석: 비순각이 높고 낮음은 일반적으로 말하는 콧대가 높음과 낮음으로 알 수 있다. 비순각이 낮으면 코끝 준두가 아래로 내려와 매부리코처럼 되는데 이는 옹고집쟁이에 스크루지마냥 자기 돈을 잘 쓰지 않는 성향이 많다고 할 수 있다. 거꾸로 비순각이 높으면 들창코가 되어 콧구멍이 보이게 되는데 이를 아이와 같은 순수하거나 순진무구 성향이라 할 수 있다. 코의 뼈가 낮으면 코끝 준두 부위가 대부분 위로 올라간다.

비즈니스 조언: 코 비순각이 낮은 각도일 경우 코가 보통 이상이거나 클 수 있다. 이런 분들은 콧대가 튼튼하고 높아서 이른바 콧대가 높다고 할 수 있다. 특히 매부리코 형태의 분들은 자기주장이 강한 경우가 많으니 자존심 싸움을 하거나 비하 발언은 금지다. 주장만큼 말도 주도적으로 할 소지가 있으니 가능한 경청해 주고 고개를 끄덕이며 동조해 주는 것도 좋은 방법이다. 상대가 강하게 어필할수록 맞춰 주고 인정한다고 생각되면 도움을 주기도 하는 호쾌한 형. 옹고집에 자기 욕심만 챙길 수도 있으나 적절한 설득으로 성공할 수 있다. 비순각이 높은 코는 남녀에 관계없이 여성성에 가깝거나 소프트한 성향일 수 있다. 상대적이지만 코가 높은 이에 비해 주체성이 약하기 때문에 이끌리는 경우가 많다. 비즈니스에서 비순각이 낮은 사람을 대하는 것이 훨씬 쉬운 편이다. 편안하게 다가갈수록 좋은 성과가 나올 것이다.

3) 입술이 두껍거나 웃을 때 잇몸이 나오는 고객(내담자)

입술 상식: 입술에는 지방세포가 거의 없기 때문에 다이어트를 해도 입술의 두께는 변함없다.

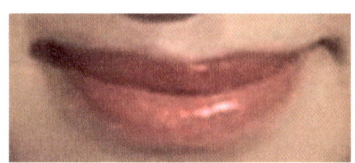
두꺼운 입술

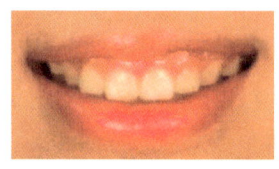
잇몸이 나오는 입술

심리분석: 입술의 두께가 두꺼우면 인상학에서는 대수상법으로 '물'을 뜻한다. 물은 정이고 생명력이다. 따라서 입술이 두꺼우면 자녀와 친한 사람에 대한 각별한 애정이 있다. 소화기계의 시작 부위라서 식탐도 많고 전체적인 오감을 다 즐기기 때문에 수면욕, 성욕, 식욕 등 대부분의 신체적 욕구를 원하는 경우가 많다. 웃을 때 윗잇몸이 올라가는 유형은 광대뼈라 하는 관골에 입꼬리 구각이 붙은 대관골근과 소관골근이 긴장하여 웃음 형태를 만든다. 잇몸이 많이 보일수록 윗입술(상순)을 끌어 올리는 근육이 많이 발달하여 행복감을 많이 누리고자 하는 유형이다. 웃음이 크면 반대성향도 같이 오르므로 조울증 성향을 가질 확률이 매우 크다. 거꾸로 아랫잇몸이 나오는 유형은 매우 다루기 어렵고 화합이 안 되는 유아독존형으로 보는 것이 맞다.

비즈니스 조언: 고객이나 내담자를 만났을 때 입술이 보통 이상 두꺼운 편이라면 반드시 잠은 잘 잤는지, 식사는 하고 오셨는지 물어보아야 한다. 수면이 부족하면 짧게 브리핑하거나 다음으로 미뤄 집중도를 높이는 것이 좋다. 배고픈 상태에서는 다 귀찮고 몸의 호르몬도 부정적 수치를 가리킬 것이므로 커피보다는 상대방이 원하는 식사를 하여 포만감과 식도락의 만족감을 주는 것이 거래성사에 유리하다. 이 식사 하나만으로도 50% 이상의 승률이 올라간다. 기업체에서 접대문화가 발달한 이유도 여기에 기인한다. 윗잇몸이 나오는 분이라면 언행을 주의하고 즐거운 분위기를 연출하는 것이 좋다. 웃음에 약하기 때문에 행복감과 웃음을 유발하며 편안하게 대한

다면 분명 좋은 결과가 나올 것이다.

4) 아래턱이 들어간 고객(내담자)

분석 주의사항: 옆얼굴을 보아 입이 튀어나오면 턱이 들어가 보이니 주의하자.

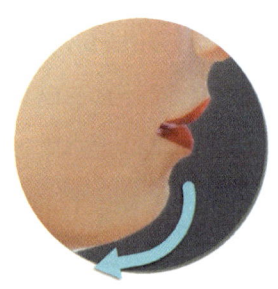

심리분석: 턱은 활동력의 상징으로 통한다. 얼굴에는 튀어나오는 뼈가 눈썹뼈, 콧등, 관골, 하악골 등이 있는데 아래턱의 경우 넓거나 튀어나오면 야심가나 활동가로 보기 쉽다. 이와 반대로 턱이 안으로 들어가 있으면 소프트한 여성성이나 내향적 심리로 보는 게 좋다. 턱이 작거나 짧고 안으로 들어간 형은 예술가나 문학가, 학자 등의 길이 나오며 싸움을 싫어하고 말로 하는 경우가 많다. 리더로서는 그다지 좋지는 않으며 크게 성공한 사람들 중에도 턱이 안으로 들어간 사람을 찾기 어렵다. 여성에게는 보편적이나 남성에게는 단점으로 지적될 수 있는 유형이다. 남편으로서 재정적 책임을 지기 어려운 경우가 많다. 소심하고 내향적이며 편향적이기 쉽다.

비즈니스 조언: 고객 턱이 들어가 있으면 돈이 없는 경우가 많다. 물론 소액의 경우는 상관없겠으나 큰돈이 들어가야 하는 투자유치나 물건판매 등의 경우엔 잘 알아보고 설명하도록 하자. 힘들게 다 브리핑하고 나니 돈이 없는 사람이었다는 웃지 못할 상황이 생길 수도 있다. 턱이 짧거나 들어갔음에도 코가 크거나 콧구멍이 크다면 변수가 생길 수도 있다. 들창코에 콧구멍이 크면 허세가 있을 소지가 있기에 약간의 자존심을 건드려서 순간적인 심리 변화로 큰 지출을 하게 할 수도 있다. 다만 환불의 소지가 크니 미리 예상하는 것이 좋다.

5) 금갑(콧망울)이 옆으로 퍼진 코의 고객(내담자)

분석 주의사항: 입의 폭이 코 비례에 상대적으로 작아도 넓은 것에 속한다.

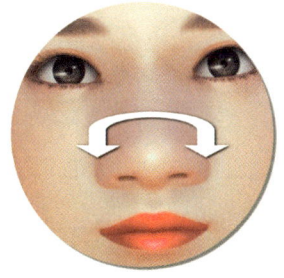

심리분석: 금갑(콧망울)은 소인형법과 역인형법에 의하면 남자의

낭심 또는 여성의 가슴에 해당되는 부위이다. 콧망울이 옆으로 퍼지고 망울의 형태가 단단한 듯 힘이 있어 보인다면 엄청난 성 에너지가 있는 사람일 가능성이 크다. 몸의 영역에 대한 민감성이 도드라지며 욕구도 그에 상응한다. 콧구멍의 형태는 코의 높이와 넓이 등에 따라 다르지만 대체적으로 금갑이 넓다는 것은 콧구멍이 크다는 것을 뜻한다. 열정가이며 일도 열심히 하고 젊은 시절 화가 나면 절제하기 어려운 성향일 가능성이 크다. 큰돈에 대한 욕심도 있고 수입과 지출에 있어 크게 드나들 수 있는 유형이다.

   비즈니스 조언: 고객 앞에서 너무 느긋하거나 지루한 설명을 할 경우 매우 답답해하거나 말을 끊을 수 있는 유형이다. 에너지가 가득 차 있는 사람이므로 답답한 걸 싫어하고 일목요연하게 팩트를 정리해서 설득하면 좋은 결과를 만들 수 있다. 동업을 해도 힘을 받을 수 있는 사람이지만 주체적으로 잘 이끌지 못하면 중도 이탈하는 하극상이 발생할 수도 있으니 주의하자. 입도 크고(넓고) 코도 넓게 퍼져 있으면 밸런스가 좋으나 입이 상대적으로 작으면 트러블이 많이 생기게 된다. 이목구비미의 큰 부위는 강하다는 것이고 작은 부위는 약한 부위이기에 얼굴의 밸런스가 맞지 않으면 비즈니스에서 문제가 생길 수밖에 없다. 콧구멍이 크면 입출금도 큰 만큼 끝까지 성의 있게 설득하여 큰 매출을 올릴 수 있도록 노력해 보아도 좋다.

6) 하삼백안(눈동자가 위로 올라간) 고객(내담자)

분석 주의사항: 턱을 아래로 당기고 눈을 치켜뜨는 유형도 포함된다.

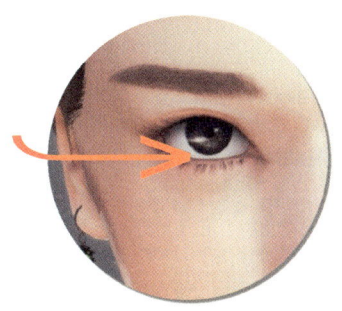

심리분석: 하삼백안은 두 가지 유형으로 나뉜다. 정면을 응시한 상태에서 검은 눈동자가 위로 올라가 있거나 또는 평상시 노려보듯 턱을 아래로 내리고 눈을 치켜떠서 올라가는 형이다. 두 가지는 조금 다르긴 한데 전자의 경우 눈이 게슴츠레하고 힘이 없어 보인다 싶으면 남자의 경우 이상성욕자이거나 심리를 예의주시해야 할 경우도 있다. 예시처럼 남자든 여자든 턱을 아래로 내리고 눈을 치켜뜨는 습관이 있으면 상안검(윗눈꺼풀)을 세게 잡아당기는 상안검거근이 강화되어 매우 뛰어난 집중력을 발휘한다. 나쁜 것은 분노의 감정이 표출될 때도 이 같은 집중력 기전이 발휘되므로 싸움이 일어나면 분노조절장애 수준의 어려움이 생길 수도 있다.

비즈니스 조언: 노려보듯 하는 눈을 가진 고객을 만나면 당황스러

울 수 있으나 침착하게 있는 그대로의 팩트를 설명해야 한다. 하삼 백안의 경우 뇌가 매우 본능적이고 집중력과 실수를 용납하지 않는 완벽주의 성향이 많기 때문에 지적을 자주 할 수도 있다. 놀리는 것과 무시당하는 것을 매우 싫어하니 예의 있게 고객을 대해야만 한다. 검증되지 않은 정보보다는 있는 그대로의 장점을 부각하는 것이 좋다. 한번 믿으면 의리를 지키는 경우가 많고 실망하면 되돌아보지 않는 경우가 많으니 각별히 신경 쓰는 것이 좋다.

7) 두꺼비볼 처짐 고객(내담자)

분석 주의사항: 살이 찐 유형이 아닌 50세 이상에 한한다.

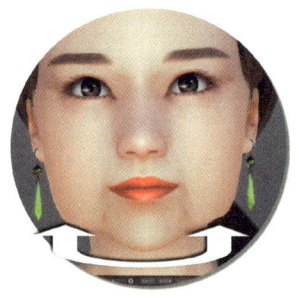

심리분석: 20~50대 이내의 사람들은 예시와 같이 볼 처짐 현상은 드물다. 살이 찐 경우라면 하관 전체가 두툼하게 올라오기 때문. 50세 이상의 연령대 고객이 아래턱 또는 볼 처짐 현상이 있으면 이는 피부가 늘어났다기보다는 안면골격이 유실된 것으로 풀이한다.

칼슘과 테스토스테론이 부족하면 골다공증이 생기거나 안면골이 점차 작아져서 상대적으로 피부가 늘어지게 되는 것이다. 처진 부위를 만져 보아 뼈가 아닌 살이 확실하다면 건강을 주의해야 하고 호르몬 분비가 매우 불균형적인 상태다. 이런 유형은 말을 할 때 아래 치아나 잇몸이 보일 것이다. 폐경기에 심리불안증세, 우울증이 겹치면서 인생에 회의감을 느끼는 경우도 많다. 돈에 집착하는 경우가 많고 작은 것에도 화가 나서 문제를 삼을 수도 있다. 매우 큰 고집이 있고 타협이 어려우며 환경의 상태에 따라 심리가 유연할 수도 있고 불안의 극에 달할 수도 있으니 꼭 실제 환경을 들여다보도록 하자.

  비즈니스 조언: 고객으로 만날 때는 최대한의 예우를 지키고 작은 것 하나라도 꼼꼼히 챙겨 드리는 것을 권장한다. 조울증의 영향이 큰 만큼 좋게 다가가면 외골수처럼 좋아해 주고 나쁘게 인식되면 매우 힘든 상황을 만들 수 있다. 반드시 자세한 환경과 재력을 알아본 후 투자 또는 구매를 슬기롭게 설명하고 설득해야 한다. 자기 주관성이 강하고 주도하려는 성향, 고집이 있으니 이기려는 마음보다는 너그러이 함께하는 친한 지인처럼 다가가도록 하자.

8) 입술(치아)이 튀어나온 고객(내담자)

분석 주의사항: 치아에 의해 입술이 나온 것인지 구분이 필요하다.

심리분석: 입술이 튀어나온 사람은 세 가지 유형으로 나뉜다. 평상시 입술이 두꺼워서 나오거나 입술에 힘을 주는 습관에 의한 유형, 그리고 치아가 돌출(뻐드렁니)되어 입술이 앞으로 나온 예이다. 입술이 두꺼워서 나온 경우라면 입술이 두꺼운 것에 더욱 강화된 심리를 적용하면 맞을 것이나 평상시 습관적으로 입술(구륜근)에 힘을 주어 나오는 것은 매우 고집스럽고 의식적이며 집중력이 강한 것을 알 수 있다. 입술이 평상시에는 들어가 있다가 불만이 있거나 말을 할 때 튀어나온다면 자기주장이 강하고 리드하려는 성향과 고집스러운 성향 등을 읽을 수 있다. 상황에 따라 나쁠 수도 있고 좋을 수도 있다. 이해심은 부족할 수 있으나 그건 재정적 상황과 마음의 여유에 의해 달라진다. 치아 돌출에 의한 것이라면 입이 자연적으로 벌어지기에 뇌에서는 입을 사용해야 하는 것으로 착각한다. 먹을

것, 말할 것에 신경 쓰게 되고 자신의 치아 돌출이 콤플렉스로 여겨지는 이들은 의식적으로 입술에 힘을 주는 습관이 생겨서 성격이 내향적으로 바뀌기도 한다.

비즈니스 조언: 위의 심리분석처럼 몇 가지 사례로 구분되지만, 공통적인 것은 대부분 입이 나왔을 때는 말을 하려 하는 성향이 생긴다는 것이다. 비즈니스에서 만났을 때 이들의 말을 경청해 주고 수긍해 주는 자세가 필요하다. 그것이 당장 비즈니스에 관련된 것이 아니라 하더라도 시원하게 수다를 떠는 시간도 지나게 되면 의외로 쉽게 세일즈가 이루어질 수 있다. 언제든 상대방의 숨겨진 니즈를 파악하고 동조해 주는 자세가 필요하다.

9) 법령(팔자주름)이 깊은 고객(내담자)

분석 주의사항: 좌우 비대칭, 모양 등의 구분이 필요하다.

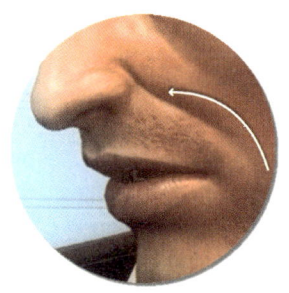

심리분석: 법령은 보통 나이 들어 보이는 팔자주름이라 하여 좋지 않게 본다. 하지만 세계적인 미녀들의 경우 대부분 팔자주름이 있다. 다만 웃거나 표정 지을 때만 법령이 생기고 무표정일 때는 법령이 사라지는 동적 주름일 경우가 여성에겐 좋다. 보통 동안의 경우 이렇게 동적 주름의 법령이 존재한다. 법령은 상하악골과 비골, 관골의 사이에 굴곡이 들어가고 거기에 대관골근과 소관골근이 웃을 때 피부층을 당겨서 생기게 한다. 그 때문에 법령이 깊은 고객은 그 깊이보다 넓이를 보아야 하는데 넓을수록 인품이 있고 조직 생활에 적응이 쉽다. 고지식한 성향이 있을 수 있고 직업적인 변화가 별로 없으며 한 직장에 오래 다니는 월급쟁이 스타일의 생활을 하는 경우가 많다.

비즈니스 조언: 법령이 비대칭이거나 끊어지거나 여러 줄일 경우는 직업적, 활동적인 기복이 심하고 건강상의 문제도 생길 소지가 크다. 하악골의 비대칭은 신체 골격의 문제에 의한 것일 수도 있기 때문이다. 법령이 대칭이면서 깊다면 신뢰가 쉽게 무너지지 않는 편이다. 한 직장에 오래 있는 경우가 많아 사회성이 부족할 수도 있으니 이런 부류는 사기를 당하거나 의외로 쉽게 남을 믿어서 낭패를 보는 경우도 다반사다. 비즈니스 시에 이런 고객은 소중한 인맥으로 자리 잡는 것이 좋다. 하지만 법령은 주된 지배 부위가 아니므로 눈과 눈썹, 코와 관골 등을 살펴보아 최종 심리분석을 하는 것이 옳을 것이다.

10) 눈썹뼈가 튀어나온 남자고객(내담자)

분석 주의사항: 눈썹의 굵기와 형태도 같이 관찰이 필요하다.

심리분석: 눈썹뼈는 남자만 튀어나오게 된다. 테스토스테론 남성호르몬이 여성의 10배 이상 분비되며 골격의 형성과 유지에 관여하기 때문이다. 따라서 골격이 튀어나왔다는 것은 골밀도가 조밀하고 강하다는 것을 의미한다. 남성의 경우 눈썹뼈는 이마의 하정(눈썹 바로 윗부분)과 같이 나오게 되는데 이는 보다 강인하고 남성적임을 말한다. 적극적이고 저돌적이며 불의에 굴하지 않는 정의감과 추진력이 있다. 분노에 대한 조절능력이 부족하기 때문에 반드시 정신수양이 필요한 부류이기도 하다. 열정을 다하지만 나쁜 길로 들어서면 나쁜 쪽으로, 좋은 길로 들어서면 좋은 길에서의 상위층에 속할 수 있는 능력이 있다.

비즈니스 조언: 눈썹뼈가 돌출되면 눈썹 모가 굵거나 부리부리한

경우가 많다. 급한 성향도 보이고 때에 따라서는 너무 쉽게 오락가락하기도 할 것이다. 이런 고객을 만났을 때는 시간적 여유가 충분히 있는지 다시 점검해 보고 보다 여유 있게 설명하는 것이 좋다. 대화의 핵심을 먼저 말하고 상대방의 이해도를 봐 가며 보다 디테일하게 비즈니스를 설명해 나가는 것을 권한다. 초벌구이 재벌구이 하는 식으로 중요한 것만 이해하기 쉽게 구성하여 브리핑하자. 정의감이 있거나 반대로 이기적 심상이 나올 수 있지만, 눈썹뼈만 봐서는 판단하기 어려우니 급하고 강한 성향이라는 것만 기억하고 절대 부딪히지 않는 환경에서 똑같은 눈높이로 이해하고 비즈니스를 전개하면 좋은 결과가 있을 것이다.

11) 입꼬리(구각)가 내려간 고객(내담자)

분석 주의사항: 구각에 힘을 주는 습관이 있는지 관찰하자.

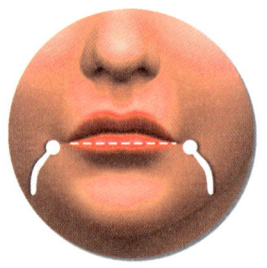

심리분석: 입꼬리(이하 구각)가 내려간 사람은 두 가지로 나뉜다. 무표정에서도 내려간 사람과 말할 때 내려가는 사람. 입꼬리가 내려

간 것을 '복주구' 또는 '역궁형'이라고 하는데 같은 의미이다. 고집스러워서 복을 버리는 사람의 유형이라고 하지만 최근 들어 젊은 아이돌 얼굴에서도 심심치 않게 찾아볼 수 있다. 무표정에 입꼬리가 올라가는 게 좋겠으나 밑으로 조금 내려간 형도 미남미녀 중에 자주 나타난다. 다만 입꼬리 구각은 행복과 불행의 위아래 근육이 만나는 곳인데 관골(광대뼈)에 붙어 있는 대관골근이 강화가 되면 입꼬리가 올라가는 것이고, 구각을 내려 주는 구각하제근(예전에는 구각하체근이라 불림)의 긴장이 되면 입꼬리가 복주구로 내려간다. 내려간 복주구형은 고집과 아집, 지적, 오만, 불만 등의 심리가 자주 작용하고 우월감 있는 큰 기업의 오너에게서도 자주 나오는 형태이다.

  비즈니스 조언: 구각이 내려가는 고객은 사회적 위치, 심상의 문제, 고령에 따른 처짐 문제인지 잘 알아보고 판단하는 것이 좋다. 단, 어떤 이유가 됐든 구각이 내려가는 복주구는 사회적으로 볼 때 그다지 좋은 형은 아니다. 타협이 어렵고 아집이 강한 유형이기 때문. 고객이 높은 위치라면 충분히 예우를 해 주고, 연배가 높거나 고집만 세더라도 똑같이 고개 숙여 예우해 주는 것을 권장한다. 고정관념이 강한 형이므로 문제가 있는 제품이거나 문제가 있는 비즈니스라면 법령이 깊은 사람처럼 설득이 어려울 수 있다. 하지만 충분히 상황을 들어 보고 설득을 한다면 불가능하지 않다. 이런 유형의 사람은 이미 오래전부터 신뢰하고 있는 사람을 찾아 함께 대동하여 협동작전을 펼치는 것이 좋다.

12) 미간이 넓은 고객(내담자)

분석 주의사항: 당사자의 검지와 중지가 두 개 이상 들어가는지 관찰해 보자.

심리분석: 눈썹 사이를 미간이라고도 하고 인당, 명궁이라고도 부른다. 복이 모이는 자리이다. 이 거리는 당사자의 손가락 검지와 중지 두 개를 합친 후 대어 보면 안다. 좁으면 마음의 창이 좁고 넓으면 마음이 넓다고 판단하기도 한다. 그 이유는 눈썹의 경우 안으로 당기는 추미근과 비근근이 있고 밖으로 펴는 근육이 없다. 나이가 들수록 미간 거리가 좁아지는 이유이다. 그럼에도 미간이 넓은 경우에는 사람과의 소통을 중시하는 성향에 스트레스 받거나 골치 아픈 걸 매우 싫어하는 부류일 가능성이 크다. 남들보다 행복감이 크고 관계를 소중히 여긴다.

비즈니스 조언: 고객이 미간이 넓으면 실제 비즈니스보다는 관계를 가깝게 하려 노력하는 편이 더 낫다. 왜냐하면, 이런 유형의 고

객은 친구 사귀는 것을 좋아하고 즐거운 것에 만족감을 많이 느끼기 때문이다. 예를 들어 무언가 세일즈를 하러 이런 고객을 찾아갔을 때 물건을 꺼내 놓거나 설명하기보다는 고객이 하는 일이나 자녀를 키우는 수다 등으로 라포르 형성을 충분히 하고 관계를 가깝게 하여 자주 소통하는 것이 좋다. 일단 관계 형성이 되고 나면 언니 동생처럼 편하게 제품도 구매해 주고 다른 사람도 소개해 줄 확률이 높다.

13) 미남미녀의 호인형 고객(내담자)

분석 주의사항: 미남미녀라도 좌우 비대칭은 제외로 한다.

심리분석: 얼굴이 예쁘다는 것은 형태비례학상으로 황금마스크에 맞을 법한 좋은 얼굴이라는 뜻이다. 여기에는 좌우대칭이라는 대전제가 필요하다. 비대칭이라도 예쁜 얼굴이 있기 때문이다. 좌우 얼굴이 대칭이면 건강에 큰 문제가 없거나 뇌의 좌우반구가 이상적이기 때문에 바른 사람이 대부분이다. 사람이 예쁘거나 잘생겼다고 판

단하는 것은 유전자의 씨(정자)나 난자 또는 자궁, 뇌 등이 평균치를 상회한다는 뜻이기도 하다. 카사노바가 여러 여자를 탐한다고 하지만 이는 우월한 인자를 가지고 있다는 뜻이기도 하다. 건강하지 않고 우월하지도 않은 남자는 얼굴도 좋지 않기 때문에 여성들이 무의식적으로 거리를 두게 된다. 신기한 것은 여성의 경우 배란기가 되면 좌우 비대칭이던 얼굴이 대칭으로 바뀌고 더 매력적으로 변한다는 연구결과가 있다. 미남미녀의 얼굴은 그만큼 심리적으로나 신체적으로 안정된 것으로 봐도 무난하다.

비즈니스 조언: 가정교육을 잘못 받았거나 성장기 문제가 있지 않은 한 얼굴이 미남미녀인 경우는 건강체를 뜻한다. 상식선에서 생각하고 행동하기 때문에 대하기가 쉽고 자존감도 높은 편이라 가정 경제 상황만 된다면 고급 제품 판매도 무난할 것이다. 자기 자신에 대한 투자를 아끼지 않는 자기애가 있으므로 교육이나 물품 구매 등 어느 것이든 자존감과 상응하는 것이라면 어렵지 않게 결과를 만들 수 있을 것이다. 잘생긴 사람들의 경우 매우 똑똑하거나 매우 생각이 많은 유형이다. 정확히 전달하고 이해시키면 슬기롭게 판단할 것이다.

2

빠르게 리딩하는 캐리커처 스피드 얼굴분석

그림을 그릴 때 사람의 얼굴에서 포인트를 찾아내어 과장되게 그리는 것을 캐리커처라 한다. 다른 부위에 비해 크거나 작거나, 길거

나 짧거나, 혹은 두껍거나 얇거나, 튀어나왔거나 들어갔거나, 대칭이거나 비대칭이거나 등등. 이 세상 모든 사람은 같은 얼굴을 한 사람이 단 한 명도 없다. 모두가 각기 개성 있게 생겼다고 볼 수 있다. 얼굴분석을 할 때는 사람마다 독특한 지배 부위를 파악해야 하는데 그것이 바로 캐리커처 같은 특이점을 찾아 확대해석하는 방법이다. 코와 입에 비해 눈이 너무 크다면 그곳이 지배 부위에 해당된다. 코가 너무 작거나 크거나 해도 그곳이 '지배 부위'다. 특징적인 부위는 특징적인 심리성향을 보여 준다. 따라서 비즈니스에서 되도록 빨리 상대방의 얼굴 특징을 파악하고 심리성향을 분석한다면 어떻게 대화를 이끌어 가고 공략해야 하는지 답이 나올 것이다. 어찌 보면 직관적 판단일 수도 있다. 꽤 오래된 제자들 중에서도 얼굴을 보면 볼수록 아리송하다는 사례도 있는데 그것은 포인트를 잘 찾아내지 못해서 그렇다. 마치 미술 시간에 그림 그리듯 상대방의 얼굴을 형태비례학상의 기준점으로 그려서 어느 곳이 그 기준에 벗어나고 과장되었는지 살펴보면 도움이 될 것이다.

  좀 더 명확히 조언하자면 캐리커처 하듯 얼굴에는 기준치를 먼저 인식해야 한다. 일반적인 사람들의 형태비례를 생각한 후 상대방을 보면 어느 부위가 과하거나 부족한지를 알게 될 것이다. 우리의 눈은 평생 이미지를 느끼게 습관이 되고 길들여졌다. 하지만 이제부터라도 하나하나 부위별로 세심히 살펴보는 습관을 들여야 한다. 뇌는 한번 보고 난 후에 또다시 집중해서 외모를 보려 하지 않는다. 이미 다 알고 있다고 착각하기 때문이다. 예쁜 여자와 살면서도 몇 년

이 지나면 예쁜지 보통인지 잘 모르겠다는 사람들의 말처럼. 훈련을 위해서 실제 캐리커처 작품들을 자주 살펴보아야 한다. 필자는 이 훈련을 위해 미술학과 컴퓨터 그래픽 디자인도 깊게 공부했다. 그려 내는 것과 만들어 내는 것은 그리 쉬운 일이 아니다. 틈나는 대로 주변의 사람들을 보고 눈에 띄는 부위를 찾아내자. 그곳이 그 사람의 심리성향과 특성을 가장 잘 나타내어 주는 '지배 부위'가 될 것이다.

3

단체 조직의 성공을 위한 조직분석

　얼굴분석행동심리학은 개개인의 심리성향과 행동 유추 등을 세밀하게 판단하는 데 매우 유용한 도구이다. 하지만 사회적 동물인 사람의 인생을 주관적으로만 풀어낼 수는 없다. 특히 비즈니스에 있어서 나 혼자만 잘한다고 성공을 하는 것이 아니다. 함께하는 팀원들과 상생도 해야 하고 서로 간의 협업이 잘 이루어져야 팀워크를 다지며 동반 성장하게 될 것이다. 이에 조직분석이라는 것이 필요하다. 여러 사람들 간의 상생과 상극의 조화를 얼굴로 읽어 내어 팀을 꾸려야 하고 또 문제가 생겼을 때도 잘 풀어내야 하는데 이를 명쾌하게 해결하는 것이 얼굴조직분석이다.

조직분석을 위해서는 개개인의 분석, 그룹의 분석, 전체 팀원의 분석이 이루어져야 한다. 비즈니스 성공이라는 것이 절대 한두 사람의 힘으로 이루어질 수 없다는 걸 깨달아야 한다. 전체 팀원을 분석할 때 각자의 역할이 있다. 그 역할별로 분류해야 하는데 해당 포지션에 맞지 않는 능력치나 성향이 존재한다면 상생이 아닌 상극조가 되어 문제가 발생하게 될 것이다. 비즈니스 성과도 그러하고 관계성에 있어서도 마찬가지다. 그 많은 이들을 언제 다 분석해야 하나? 사업을 단기간에 성공하고 관계를 끊을 게 아니라면 몇 시간 며칠을 들여서라도 철저히 조직분석을 해야 한다. 이건 시간 낭비가 아니라 사업 초기 반드시 해야만 하는 매우 중요한 일이다. 그럼 구체적으로 무얼 어떻게 조직분석을 해야 하는지 살펴보자.

1. 리더와 팔로워를 구분하라

　가장 먼저 리더감을 찾아라. 멘티와 멘토가 나뉘고 리더와 팔로워가 나뉘듯 사람마다 능력치와 성향이 나누어져 있다. 리더 성향이 밑에 있으면 하극상이 발생하여 상급자와 매번 부딪히고 트러블이 생긴다. 나이와 관계없이 상하 수직 체계는 능력치로 가늠해야 한다. 비즈니스는 철저히 능력에 따른 포지션과 책임이 주어져야 한다. 다만 그 안에서의 인간적 수평체계도 주어지는 것이 좋다. 인간적으로는 누가 더 낫고 귀하다는 논리는 맞지 않고, 능력적으로는 명확히 정해지는 것이 낫다고 본다. 리더감은 굳이 얼굴분석을 하지 않더라도 상황과 행동을 보면 쉽게 알 수 있다. 다수의 사람들이 있는 상태에서 시키지 않았는데 나서서 솔선수범하려는 사람은 리더감이다. 또한 나 자신만 생각하지 않고 전체를 생각하는 이타심의 근본이 있다면 무조건 리더급으로 대우해 주어야 한다. 리더는 교육으로 단기간에 만들어지지 않는다. 성장기의 가정교육과 천성적인 성향, 사상 등이 어우러져 드러나게 될 것이다. 얼굴로 본다면 좌우의 대칭 균형이 필요하다. 뼈의 비대칭인지 얼굴표정근에 의한 비대칭인지도 살펴볼 필요가 있다. 그 비대칭은 건강의 불균형, 호르몬의 불균형을 초래하기 때문에 심리적 불안을 가져올 소지가 있다. 리더는 심신이 건강체여야 하고 강체여야 한다. 그래야 오랫동안 집중력과 끈기를 가지고 강하게 리드할 수 있다. 귀가 붙은 형은 아집도 강하고 이끌려 하는 성향인데 자칫 오만과 욕심이 생길 수도 있으니 잘 판단하는 것이 좋다. 눈의 흰자위가 아래에 보이는 하삼백안의 경우도 저돌적이고 공격적일 수 있는데 적극성을 띠기 때문에 잘 키운다면 리더로 성장할 수 있다. 어찌 됐든 조직분석에서 리더감을 찾고 팔로워 성향들과 구분하는 건 매우 중요하다.

2. 개개인의 열정과 집중력을 분석한다

상생을 읽기 이전에 그 사람 자체의 능력치를 읽는 게 중요하다. 동기부여가 되었다면 확실한 열정과 집중력을 발휘한다. 사람의 얼굴에는 선천적이건 후천적이건 이 두 가지의 능력치를 알아내기 쉽다. 이는 얼굴의 중심 수직계측선에 존재한다. 얼굴계측선에서 중앙 수직계측선에 해당하는 부위를 살펴보자. 양 눈썹 미간의 세로 주름이 깊거나 눈썹 위에 움푹 들어간 형, 또는 동적 주름 형태로 순간순간 주름변형이 이루어질 경우에 해당한다. 고개를 습관적으로 약간 숙인 상태에서 말을 하거나 듣는 형, 눈을 치켜뜨는 형, 구륜근에 힘을 주어 말할 때 입술이 튀어나오거나 주름이 깊게 생기는 형, 어금니 쪽 저작근에 무의식적으로 꽉 다물어 힘을 주는 형, 콧방울 금갑에 힘이 들어가서 콧구멍이 넓어지는 형, 아래턱 부위 이근에 힘이 들어가서 말할 때 아래 치아가 보이는 형 등이 이에 해당한다. 짧은 한두 개의 부위를 읽어서 어설프게 분석할 수는 없겠으나 이 책으로 상대의 능력치를 리딩하려면 부위(부분) 분석법이 오히려 쉽게 접근할 수 있을 것이다. 단, 위에서 이야기한 부위별 분석에 일치한다고 해도 그 열정과 집중력이 비즈니스가 아닌 인간관계에서의 사적인 부분으로 도출될 우려도 있다는 걸 명심하자. 얼굴에 살집이 많거나 눈이 크고 입술이 도톰한 형은 정에 얽매이는 경우가 많으므로 비즈니스적 열정과 집중이 아닌 이성이나 관계에 대해서 발동하는 경우도 많음을 꼭 기억하도록 하자.

3. 상생의 협업능력과 친화력을 분석한다

　제아무리 능력이 좋다고 해도 개인 활동에만 주력하여 각자만 뛴다면 팀워크의 효과를 기대할 수 없다. 서로 간의 친화력(사교성)도 있어야 하고 협업의 능력(사회성)도 있어야 한다. 이를 위해 팀원들의 얼굴을 하나하나 분석하여 성향과 포지션을 주는 것이 필요하다. 집중을 잘할수록 개인적 영역이 커지며 사회성이 부족해질 우려가 있다. 집중은 나 자신만을 인식하는 경향이 크기 때문이다. 돈에 욕심이 많으면 남에게 피해를 주더라도 내 배만 부르면 된다는 식으로 넘어가기 쉽다는 것. 협업능력과 친화력은 관계성의 성향을 읽으면 된다. 긴장보다는 이완의 표정근에서 읽는 것이 좋다. 눈썹을 들어 올리는 전두근의 좌우 균형이 좋고 빈도가 높다면 설득의 표정 또는 화합의 장을 이루기 쉽다. 말할 때 눈썹을 들어 올리는 습관을 말하는 것이고 이마 주름이 횡주름으로 끊김이 없다는 것을 뜻한다. 또한, 눈을 크게 뜨거나 잦은 웃음을 통해 대관골근과 소관골근의 긴장을 주는 습관도 친화력의 계측 기준이 될 수 있다. 위 치아 또는 윗잇몸이 평소에 잘 보이거나 법령이 넓게 펴지는 얼굴은 친화력 또는 포용력의 크기를 보기에 합당하다. 반대로 법령이 좁거나 짧으면 집중하는 성향이 더 강하고 아집이 셀 우려가 있으니 항상 반대성향을 읽는 데도 소홀히 하면 안 될 것이다.

4. 전체 조직의 얼굴 성향 흐름을 파악하자

일일이 조직 전체를 파악하는 것 자체가 무리일 수 있다. 특히 인원이 많을 경우엔 변수가 존재한다. 미꾸라지 한 마리가 물을 흐리는 것처럼. 얼굴분석을 빠르게 하는 스피드 캐리커처 분석기법이 있다. 얼굴의 지배 부위를 찾아내서 사람의 성향과 흐름을 읽어 낸다. 이처럼 전체적인 흐름을 읽어서 조직분석을 하면 빠르고 편리하다. 강의를 하다 보면 수강생의 전체적인 느낌이 오는 때가 많다. 배우려는 의지가 강하거나 혹은 성공을 갈망하는 사람들도 있고, 그 반대로 물에 물 탄 듯 술에 술 탄 듯 중심을 못 잡는 사람들도 가끔 보게 된다. 적어도 성공자가 되거나 비즈니스 조직으로서 성장을 시키려면 조직 얼굴의 흐름을 읽으려 노력하자. 모든 이가 똑같이 로봇처럼 말하거나 행동하거나 하진 않을 거다. 하지만 표정과 열정, 능력의 표출 의지 등은 얼굴에서 쉽게 읽힌다. 사람은 무의식적으로 상대방의 얼굴을 뇌에서 읽으며 얼굴에너지라는 파동을 흡수한다. 강의나 소통 중에 힘을 받는다면 조직 대상자들의 얼굴에너지가 강함을 뜻한다. 이상하게 기운이 빠지고 힘들다면 반드시 조직원들이 가진 에너지도 없다. 후자와 같다면 그 팀이나 회사에 비전이 없다고 해도 과언이 아니다. 좋은 사과들만 모아 놓으면 군침을 흘리게 되지만 썩은 사과들만 모이거나 중간중간 품질이 안 좋은 과일이 섞여 있다면 그다지 눈이 가지 않을 것이다. 사람의 조직도 그러하고 얼굴도 그러하다.

5. 전체는 흐름을, 액션은 팀별로

 조직분석에서 반드시 알아야 할 것이 전체의 흐름과 액션이다. 실제 모두를 뭉쳐 보면 다양한 변수로 인해 더욱 미래를 유추하기 힘들어진다. 이때에는 소그룹 팀별로 구분 짓는 것이 좋다.
 홍보팀과 연구팀이 다르듯 각 팀별 특성을 살펴서 그 안의 소그룹원들을 얼굴분석하는 것이 필요하다. 상생과 상극은 10명 이내로 분석해야 한다. 예를 들어 혼자 일할 때는 내 맘대로 하면 되니 부딪힐 일이 없다. 하지만 2명이 하게 되면 잘 맞을 수도 있고 안 맞을 수도 있다. 그것이 3명, 4~10명 이상이라면? 정말 많은 변화와 변수에 대응하느라 골치 아플 것이다. 영화 「관상」에서도 주인공이 개개인의 얼굴을 보는 것은 매우 잘하나 결국 수많은 사람들의 조

직분석에 실패하여 소중한 아들을 잃고 쓸쓸한 여생을 보내게 된다. 단위를 작게 나누어 그 안에서의 상생과 상극을 분석하자. 모든 사람들의 모든 변수를 알아내려 하지 말자. 다만 거대 조직 안에서의 트러블이 발생하거나 그럴 소지가 있을 때는 미리 해당 인물들끼리 분석해 보면 슬기로운 대안이 될 것이다. 각각 상생의 팀들로 구성하고 리더와 팔로워를 구분 지어 미션을 나누게 된다면 대기업이라도 전체 조직분석의 흐름을 타서 크게 성장하게 된다.

4

컨설팅 체험사례

1. 다급하게 찾아온 M 사의 임원

어느 여름날이었던 것으로 기억한다. 어떻게 아셨는지 필자의 연락처를 알아내서 다짜고짜 만나 달라고 하는 중년의 여성이 있었다. 적어도 통성명은 해야 예의일 텐데 누군지 알고 미팅을 할 수 있을까? 하지만 음성을 분석해 보니 성격도 급하시고 스마트한 분인데 어떠한 안 좋은 상황에 처한 모양이었다. 차분하게 안정을 취하게 하고 상담하기 전 어떤 일을 하시는 어떤 분인지를 물었다. 그러자 자신은 M 사의 임원인데 해외의 큰 바이어를 만나 소통 중에 큰 실수를 한 것 같다며 얼굴분석으로 상대방의 결정이 어떻게 날지 알 수 있냐고 물었다. 얼굴분석행동심리학에는 다양한 과목이 있는데 원격PV분석이라는 게 있다. 카카오톡이나 네이버에 나오는 사진 몇 장으로 심리분석과 결정 유추가 어느 정도 가능하다. 그래도 선

불리 유선상의 컨설팅은 아니다 싶어 서울의 모 카페에서 미팅했다. 예상했던 대로 헤어는 단정하고 얼굴은 크며 눈과 입술이 두툼한 감성적인 분이었다. 얼굴 살집이 많고 검은자위 또는 눈이 크거나 속눈썹이 길고 입술이 두툼하며 세로줄이 깊게 팬 형은 심리적으로 매우 유약한 면이 있다. 숨을 돌리게 한 후 자초지종과 해당 바이어의 얼굴을 볼 수 있냐고 하니 핸드폰에 저장된 여러 장의 사진을 보여주었다. 중국의 큰손이라고 하던데 필자가 보기엔 배포도 크지 않고 돈도 그다지 없어 보이는 인물이었다. 비싼 금시계에 치장을 많이 했지만, 얼굴에서는 평균 타수 이상의 점수가 나오질 않았다. 보이는 그대로를 직독하여 리딩했더니 표정습관, 언어, 행동, 심리유형이 딱 들어맞는다고 놀라워했다. 문제는 결과 추론이다. 관상처럼 툭툭 내던지는 무책임한 말로 복채 받듯이 할 수는 없는 노릇이었다. 잘하면 이분의 회사에 큰돈이 굴러 들어올 수도 있고, 아니면 사기를 당할 수도 있는 상태. PV분석만으로는 오류가 발생할 수 있으니 큰 건이라면 그 바이어와 서울에서 같이 만났으면 한다고 말했다. 그렇게 해서 며칠 후 중국 큰손 바이어와 M 사의 임원과 식사를 하게 되었다. 미팅 장소에서 만나고 인사한 후 바이어의 얼굴을 보는 순간 자리를 뜨고 싶었다. 큰손이 아니라 작은손도 안 되는 사기꾼이었던 것. 있는 척하며 물품 대금 받고 사라질. 그래서 그렇게 조급하게 만들었나 보다. 길게 이야기 나누고 싶지도 않았기에 몇 마디 나누고는 식사만 하고 헤어졌다. 의뢰인은 어떻냐고 자꾸 묻길래 한마디만 했다. "물품을 보내지도 마시고, 구매하지도 마세요"라고. 그럴 리가 없다고 의뢰인이 갸우뚱했지만 필자의 분석은 정확했다. 이미 다른 회사에서 문제가 연달아 터지고 있었던 것이다. 그제야 가슴을 쓸어내리며 고맙다고 연신 고개를 숙이는 그 임원분. 코로나로 인해 절박한 회사와 임원들의 심리를 악용한 악덕 사기꾼들이 판을 치는 세상이다. 지금쯤 그분 회사는 더 크게 성장했을는지? 왜냐하면, 그 임원의 얼굴에서 부귀영화의 시그널은 전혀 보이지 않았기 때문이다. 그래도 운명을 벗어나는 방법이 노력이라 하지 않던가.

2. 보험사 A 씨의 가족 컨설팅 사례

경기도 수원의 어느 보험사에 단체강의를 하러 갔을 때의 일이다. 보통 얼굴분석심리 강의를 하다 보면 습관적으로 수강자들의 얼굴을 본의 아니게 자꾸 읽게 된다. 보편적인 얼굴보다는 매우 안 좋거나 혹은 매우 좋은 얼굴이 먼저 눈에 들어오기 마련. 그날은 왠지 모르게 아프고 힘든 분들의 얼굴이 유난히 많이 보였다. 앞자리에 앉으신 어느 A 씨. 열심히 받아 적고 경청하는 모습에 감사했지만 그걸 집에 가져가서 복습하고 다시 훈련하지 않으리란 걸 안다. 그래서 우스갯소리로 그랬다. "어차피 집에 가시면 보지도 않으실 걸 뭐 하러 그렇게 열심히 받아 적으세요?"라고. 그러자 웃음이 터져 나왔다. 사실이 그랬던 게지. 몰래 녹화하고, 녹음하고, 받아 적고 뭔가 우등생처럼 열심이지만 그건 단순 기록의 작업일 뿐이다. 진짜 실력은 복습과 훈련에 있다는 걸 모르는 이가 많다. 어찌 됐건 그분 얼굴을 보니 피부는 두껍고 모공이 크며 이마의 주름은 깊이 패되 여기저기 밭고랑처럼 움푹 들어가 있었다. 이마에는 좌우대칭의 근육이 있는데 '전두근'이라 한다. 양쪽 눈썹을 들어 올릴 때 쓰는 표정근 중에 하나다. 문제는 좌우 눈썹이 동시에 들어 올려져야 하는데 양쪽 텐션이 맞질 않아 불규칙한 횡주름이 생긴 것이다. 이런 분들은 뇌의 밸런스가 맞지 않거나 독특한 경우가 많다. 또한, 주름이 깊다는 것은 표피 아래의 진피층이 두껍거나 전두근이 두꺼운 형을 말한다. 얼굴 십자기준선에서 하부는 살이 쉽게 올라오지만, 눈이나 이마 같은 상부로는 지방이 잘 올라오지 않는다. 얼굴에서도 지방세포의 분포가 매우 큰 차이를 보이는 것. 이마가 두꺼운 분들은 입술도 두꺼운 경우가 많다. 참 감정에 충실한 분이다. 화나면 화내고 기분 좋으면 용돈 주는. 강의가 끝날 즈음 그분께 살짝 말했다. "조금 이따가 강의 끝나면 저 좀 잠깐 보고 가세요"라고. 그러곤 강의를 마쳤고 상담실에서 잠시 잠깐의 즉석 상담이 이루어졌다. 가정의 불화도 불 보듯 뻔했고 부부관계나 자녀와의 관계성도 매우 안 좋게 분석이 되었다. A 씨는 "아니. 그걸 어떻게 아셨어요?"라며 눈이 휘둥그레진다. 얼굴분석행동심리 교수가 뭘 보고 알았겠는가? 얼굴 보면 다 나오는 것을. 문제는 어떻게 알았느냐가 아니라 어떻게 문제 해결을 하느냐에 있다. 카운슬링은 들어 주기만 해도 해결되는 경우가 많으나 이건 컨설팅이 필요한 상황이다. 중학생 막내아들은 가출한 상태였고, 아내와는 타인보다 못하게 각방을 쓰며 살고 계셨다. 부모의 관계성이 무너지면 자녀들은 이내 불안해한다. 가출한 아들도 문제지만 아내분과의 커다란 벽을 빨리 허물지 못하면 돌이킬 수 없을 것이라 조언했다. 그러곤 정식 상담을 며칠 후 진행하기로 약속하고 집으로 돌아가셨다. 약속날짜가 되어 상담실에 문을 열고 들어오는 세 사람. 아내분과 중학생 아들이었다. 일반 상담심리를 하는 사람들은 문진을 하고 소통을 하되 쉽사리 답을 내려 주지 않는다. 하지만 얼굴분석행동심리학에서의 상담은 명확한 컨설팅이다. 문제를 찾아내고 그것을 해결해야 한다. 남편의 얼굴이 안 좋은데 아내분의 얼굴은 화사했을까? 아니, 가출했던 중학생 아들의 얼굴은 어땠을지 상상해 보자. 모두가 X 씹은 표정들이었다. 사람은 자신의 얼굴을 보지 못하고 세상을 떠나는 존재다. 이 세상 모든 동물도 마찬가지겠지만. 거울이라는 것을 발명하고부터 사람은 자신의 얼굴을 뇌로 인지하게 되었으며, 비로소 얼굴 관리를 하게 된 것이다. 같이 사는 사람은 나의 거울이다. 내가 억지로 표정을 지어도 그 감정이 생성되는데, 상대방의 표정 또한 그대로 읽어서 내 감정으로 복제하게 된다. 참 무서운 일인 것이다. 서로가 얼굴표정이 안 좋은데 상생의 가족이라고 할 수는 없는 상황. 우선 개개인별로 상담을 진행해 보았다. 그나마 다행인 것은 세 명 모두가 서로 마음에 들지는 않지만, 가정을 깨고 싶지는 않다는 공통점이 있었다. 행복해지고 싶은데 행복하질 않다고 한다. 얼굴만 보면 기분 나쁘고 화가 난다는 건 현재가 아닌 과거에 문제가 있어서다. 알고 보니 남편이 지속해서 외도했고 아내분은 화가 나서 남편을 막 대하다가 주식에 손을 댔는데 큰 빚을 지게 되었다. 매일같이 스트레스 받고 티격태격 싸우니 아들은 불화에 대한 스트레스를 못 이겨 가출을 자주 하게 되는 것이었다. 불행의 연결고리는 반드시 시작점이 있다. 누가 먼저 그 고리를 끊어 내느냐에 따라 해결점을 볼 수 있다. 결국은 서로 한 발짝 물러서서 양보하는 수밖에 없는 노릇이다. 특별한 처방을 내리고 일주일 후에 다시 상담하기로 했다. 그 처방은 신혼 초의 풋풋했던 사랑 가득한 사진을 크게 만들어서 거실 벽에 붙여 놓으라는 것. 한 개가 아닌 여러 개의 액자를 말이다. 사람에게는 누구나 즐거운 기억, 행복의 기억이 잠재해 있다. 그걸 잊는 순간 언제 그랬냐는 듯이 싸우게 된다. 일주일 후, 놀라운 일이 벌어졌다. 핏기 없던 그 가족의 얼굴에서 생기가 돌고, 입가에 엷은 웃음기가 감도는 걸 발견했기 때문이다. 아내분에게 그 이유를 물었더니 돌아오는 대답은 예상했던 대로다. "거실 벽에 걸을 사진을 찾기 위해 신혼 때 앨범을 오랜만에 남편과 펼쳤어요. 그런데 그 시절의 사진들을 보는 순간 정말 즐겁고 행복했던 기억들이 솟아나더라고요. 잊힌 연인을 찾은 기분이었어요." 그러자 남편분 A 씨도 말을 거든다. "거실에 예쁘고 날씬했던 마누라 사진을 걸어 놓으니까 그걸 볼 때마다 그 생각이 나더라고요. 아, 저 때 정말 이뻤었지." 그러면서 나 하나 믿고 시집온 아내에게 잘해 주지 못한 것이 미안해졌다고 한다. 이 모습을 본 아들은 마음이 어땠을까? SBS 「우리 아이가 달라졌어요」 방송에 출연하며 오은영 씨가 참 대단하다고 느낀 건 그거였다. 문제 아이를 바라볼 때 그 아이만 보는 것이 아니라 부모, 형제, 친구, 유치원 교사, 환경 등등 주변 모든 것을 섬세히 들여다보며 솔루션을 찾더라는 것이다. 부모는 아이의 거울이라는 것. 사람은 주변의 환경에 따라 좋게 바뀔 수도 있고 나쁘게 바뀔 수도 있는 존재다. 만일 거울 속 내 얼굴이 마음에 들지 않는다면 과거에 가장 행복하고 예뻤던 사진을 채워 걸어 놓도록 하자. 얼굴심리 거울 효과는 액자 속 사진에서 많이 얻어 낼 수 있게 될 것이다. 다정하게 손을 잡고 돌아가는 A 씨 가족의 뒷모습을 꼭 사진으로 담고 싶었는데 못 해서 아쉬울 따름이다.

3. 어느 네트워크마케팅 사업자의 성공스토리

벌써 7년 전 이야기인 듯하다. 서울 양재역 근처 스터디센터에서 성공을 위한 얼굴분석심리 특강을 진행할 때였다. 그날따라 신청자들 대부분이 일명 다단계라 불리는 '네트워크마케팅' 사업자들이었다. 독자들도 놀랄 일이지만 5천만 국민 중에 1명꼴로 네트워크 회사에 가입이 되어 있다는 사실을 아시는지? 그 정도로 보편화되고 발전되어 온 분야인 것 같다. 물론 불법 다단계는 문제를 많이 양성하기 때문에 지탄받아 마땅하다. 교육 중간중간에 질문들이 많았다. 생소한 학문이다 보니 모르는 것도 많았겠지만 사실 자신들이 당면한 문제를 해결받기 위해 손 들어 질문한 내용들이 대다수였다. 앞자리에 앉아 있던 어느 20대 후반 정도의 여성분이 손을 들고 질문을 했다. "꼭 있는 그대로 알려 주세요. 저는 성공할 수 있는 얼굴인가요? 아니면 아무리 해도 실패하는 얼굴인가요?" 이런 부류의 질문을 필자가 얼마나 많이 받았을지 아시는가? 솔직히 말하자면 성공하는 얼굴과 실패하는 얼굴은 정해져 있다. 세상의 리더가 학습되어지는 부류보다 태생부터 리더인 경우가 많듯이 말이다. 문제는 자신이 리더로 태어났는지, 부자의 DNA를 갖고 태어났는지 모른다는 사실이다. 모든 정답이 얼굴에 있는데 책은 읽어도 얼굴을 읽을 줄 모르니 이를 알 턱이 없다. 그 여성분의 얼굴을 분석하기 시작했다. 넓은 이마에 주름이 없고 피부가 얇았다. 양측 볼과 하관도 매끈하고 잡티 없이 하얀 백인 우월 종의 형태를 띠었다. 플랫포인트라고 하는 이 바탕의 후한 점수는 눈과 코, 입에 힘을 불어넣어 준다. 눈썹은 양 높이가 맞아떨어졌고, 홍채는 통상의 약체가 아닌 여성 강체에 해당했다. 의지가 강하고 저돌적이며 지치지 않는다는 뜻이다. 약간의 분노조절장애가 있기는 했으나 괴팍한 리더들에 비하면 이해할 만한 수준. 곧은 코와 퍼진 금갑의 형태, 형태비례학적으로 좌우대칭과 밸런스가 맞는 귀, 적절한 인중의 길이와 깊이, 여자의 핵심인 입술이 적당히 크고 하순의 세로줄 무늬 등등. 상황에 따라 장단점이 보이기는 했으나 여성으로서는 비즈니스로 성공할 수 있는 가능성이 큰 얼굴이었다. 관상하시는 분들은 '된다, 안 된다'를 너무 쉽게 던지고 무책임하게 돌아서지만 얼굴분석행동심리학 상담가들은 그리할 수 없다. 한 번의 내담자가 평생의 고객이기 때문에 적중률은 매우 중요하다. 아무튼, 그 젊은 여성을 일어나게 하고는 수강생들에게 박수를 받게 했다. 영문도 모르고 손뼉 치는 사람들과 자기 자신이 왜 박수를 받는지 모르는 1인. "무조건 성공하는 얼굴은 없습니다. 집중력과 끈기, 열정과 노력, 스타성과 재능, 리더십과 용기, 운명학적 흐름 등을 기준으로 보건대 이 여성분은 머지않아 대성하실 겁니다"라고 필자 또한 큰 박수를 보내 주었다. 그 이후로 정규과정을 밟게 했고, 몇 달에 한 번꼴로 연락을 주고받으며 컨설팅도 해 주고 사업의 진행 상황도 체크해 주었다. 결과는 어땠을까? 조금 시간이 걸리긴 했으나 그로부터 4년 정도 지났을 즈음 그분께 연락이 왔다. 자기 회사에서 최고 직급을 달성하여 일 년에 십수 억을 번다고 했다. 한 달에 몇백만 원 벌기도 힘든 세상에 월 1억 이상의 수입을 받고 있다는 얘기다. 필자도 너무 기뻐서 연신 축하를 해 주었다. 그리곤 한마디 더 조언했다. "성공하는 것도 중요하지만 그 성공을 유지하거나 발전시키는 건 더 중요합니다. 현실에 만족하지 말고 꼭 하위 조직들의 얼굴분석을 수시로 점검해서 누수가 생기지 않도록 잘 챙기세요." 그렇다. 만족은 성장을 멈추게 하는 독이다. 너무 기뻐할 게 아니라 오히려 위기가 언제 닥칠 수 있다는 경계심을 갖고 더 정진할 필요가 있다. 이분이 성공한 데에는 두 가지가 작용했다. 첫 번째는 '플라시보 이펙트'이다. 스승인 필자에게서 이미 성공하게 되는 얼굴이라고 낙점을 받았으니 그 믿음과 희망으로 지치지 않고 달려간 것. 긍정의 에너지이다. 또 하나는 얼굴분석 행동심리학 교수과정까지 마친 수제자였기에 한 명 한 명 리쿠르팅할 때마다 세심하게 분석을 했고 그로 인해 원샷원킬을 이루어 냈다는 것이다. 보통 수십 명 중에 한 명을 리쿠르팅할 수 있을까 말까 한 시장이다. 만일 당신이 만나는 모든 사람을 설득하거나 계약서에 사인하게 할 수 있다면 성장 속도가 어떻게 될지 상상이나 가겠는가? 우리는 상당히 편협한 생각을 가지고 사람들을 대한다. 친한 사람들만 반복적으로 만날 뿐이지 새로운 인맥 형성에 그다지 관심이 없다. 비즈니스는 다르다. 매일같이 새로운 인맥을 구성하고, 그 안에서 비즈니스가 이루어진다면 앞서 이야기한 젊은 여성 최고 직급자처럼 크게 성공할 수 있지 않을까? 지금은 부자가 돼서인지 연락도 잘 안 되지만 바쁘기도 할 것이고, 인생의 여유도 즐기고 싶을 듯. 부러워하지 말자. 이 글을 읽고 있는 당신의 스토리가 될 수도 있을 테니까.

4. 어느 젊은 불법 다단계 청년 이야기

대구 지역은 언제나 열기가 뜨겁다. 젊은 시절부터 전국 일주 강연을 해 오던 터라 지역별 특색이 눈에 선하다. 그런데 이상하게 대구 사람들은 지칠 줄 모르는 열정과 희망에 가득 차 있는 것 같다. 모 단체에서 주관하는 강연장에 줄잡아 1천여 명 정도 사업자들이 모여들었다. 어린아이 빼고 젊은 20대부터 80대 어르신들까지 모이신 것 같았다. 마이크 테스트를 하고 무대에 올라 성공을 위한 비즈니스얼굴분석 강의를 시작했다. 여느 때와 마찬가지로 호응과 박수가 나왔으나 강의 내내 신경 쓰이는 얼굴 하나가 눈에 띄었다. 그것도 앞쪽 사이드에 앉아 있던 젊은 청년이. 강의를 하다 보면 강의에만 신경 써야 하는데 청중들을 바라보며 강의하다 보면 나도 모르게 각각의 얼굴들을 리딩하게 된다. 누구는 어떻고 누구는 어떻다는 식의 컨설팅이 순간 스쳐 지나가는 것이다. 왜 자꾸 그 청년이 눈에 밟혔을까? 잠시 강연을 멈추고 청년을 불러내어 물었다. 여기 왜 왔으며, 무슨 일을 하고, 어떻게 나아가고 싶은지를. 마이크를 건네받은 청년은 약간 상기된 표정으로 침착하게 말문을 열었다. "저는 ○○○ 다단계업 사업자입니다. 부모님께서 극구 반대하셔서 편지 하나 남기고 가출하여 1년 조금 넘은 것 같습니다." 청중 속에서 탄식의 소리가 흘러나왔다. 듣고 보니 ○○○ 다단계는 불법 다단계로 소문난 사업이었던 것이다. 필자는 청년에게 다가가 물어보았다. "가출할 때 어떤 내용을 쓰셨나요?" 질문을 받은 청년은 잠시 머뭇거리더니 이렇게 대답하는 것이다. "아버지, 어머니. 평생 속을 썩여 드려 죄송합니다. 하지만 제가 지금 하는 사업에 자신이 있고 확신이 있습니다. 제가 이 사업으로 성공해서 부자가 되지 못한다면 집에 돌아가지 않겠습니다"라고. 이 얘기를 듣는 순간 머리가 하얘졌다. 의지와 결단은 손뼉 쳐 줄 만했지만, 그 자리에서 등을 두드려 주는 수밖엔 없었다. 그의 얼굴에서 '절.대.불.가.'를 읽었기 때문이다. 얼굴 좌우 비대칭이 심했고, 한쪽 눈썹의 미두는 거칠게 솟아 나와 욱하는 성질을 참을 수 없는 성향이었다. 미간의 세로 주름도 팔(八)자 형태를 띠고 있어서 이성이나 동성 대인관계에서의 불협화음도 피할 수 없었다. 콧등 가로 주름이 깊어서 비익상순거근과 상순거근, 추미근과 비근근 긴장에 의한 분노의 X맨 형을 벗어나지 못하는 얼굴이다. 인맥도 없고 다들 멀어지니 관계사업이라 할 수 있는 다단계업에서 성공할 리 만무하다. 관계가 좋아야 사업이 진행될 게 아닌가? 그날 강의를 잘 마치고 올라오는 길에 자꾸만 그 청년 생각이 났다. 그러곤 속으로 혼잣말을 했다. '애고. 그 청년, 집에 들어가기는 글렀네….'라고.

5. 눈물의 반딧불이 프로젝트

전국에는 불우한 아이들을 양육하고 가르치는 '지역아동센터'라는 곳이 있다. 출강하던 YWCA 원장님의 소개로 어느 외진 지역아동센터에 3개월 정도 정기 재능기부 봉사를 하기로 했다. 아이들은 초등 저학년부터 고학년까지였고 중고생은 받지 않았다. 하지만 키와 덩치는 중고생 못지않은 아이들도 더러 보였다. 저녁때 딱 두 시간씩 무언가를 가르쳐야 하는데 센터장님은 아이들이 집중을 잘 못하고 와일드하니 뭔가 재미있는 프로그램을 해 줬으면 한다고 귀띔해 주셨다. 약속한 첫 시간이 찾아와 필자는 설레는 마음으로 지역아동센터의 문을 열었다. 그런데 갑자기 웬 신발 하나가 날아왔다. 교실 안은 난장판이었다. 쉬는 시간이었는지는 모르겠지만 아이들은 큰 소리로 욕을 하고, 다투고, 뛰어다녔다. 잠시 할 말을 잃고 그 자리에 서 있었는데 담당 선생님이 눈치를 채셨는지 큰 소리로 아이들을 정돈시켰다. 난생처음 지역아동센터라는 기관을 찾았는데 아이들은 무서움 그 자체였다(나중에 알고 보니 아이들이 말을 잘 듣는 지역아동센터도 많았다). 첫날 가르친 건 요술 풍선이었다. 신기하기도 하고 재미있기도 한 풍선 만들기가 시작되자 의외로 집중을 잘하고 말을 잘 듣는 듯했다. 이후 마술도 가끔 해 주고, 레크리에이션도 해 가며 차츰 적응되어 갔던 것으로 기억한다. 그렇게 봉사하길 한 달 반 즈음 지났을까? 어느 고학년 아이가 밖에 나가서 축구를 하고 싶다고 제안했다. 어차피 그 시간은 교사 소관이니 축구공을 가지고 우르르 나가 근처 초등학교 운동장에 아이들을 풀어놓았다. 신나게 뛰어다니며 공을 차는 모습에 흐뭇하기도 하고 예뻐 보이기도 했다. 잠시 고개를 돌려 개인 용무를 보던 중 어떤 아이가 다가와 필자에게 핸드폰을 건네며 말을 걸었다. "여기 전화 좀 받아 보세요. 경찰서예요." 영문도 모른 채 경찰서라는 말에 약간의 긴장과 의아함을 갖고 통화를 했다. 자초지종은 그랬다. 지역아동센터 아이들 중에 2학년 남자아이 하나가 장난이 좀 심한 성향이었다. 그런데 5학년 남자아이가 같이 축구를 하다가 2학년 남자아이를 자꾸 지적하니 그 조그만 아이는 화가 나서 욕을 했던 것이다. 이에 5학년 아이는 참다 참다 화가 나서 2학년 아이를 때리기 시작했고, 이를 근처에서 지켜보던 지나가던 초등생 아이가 경찰서에 신고하였다. 참 상황이 난감했다. 우선 급한 불부터 끄고 보자는 생각에 경찰관에게는 상황을 이야기하고 잘 마무리를 하였다. 이후 센터장에게 전화하여 이 상황을 말했더니 그 때린 5학년 아이의 부모님께 연락하겠다고 했다. 서로 숨을 몰아쉬며 매서운 눈으로 무언의 싸늘함을 이어 가는 상황. 그때 의기양양하던 5학년 아이가 갑자기 사시나무 떨듯 몸을 부르르 떠는 게 느껴졌다. 얼굴을 보니 호흡량이 빨라지고 얼굴색도

어두워졌다. 표정에서는 당황함과 두려움이 교차하여 나타났다. '뭐지?' 하는 순간 저 멀리서 어떤 아주머니 한 분이 화난 표정으로 다가오는 것을 보았다. 그 아이의 어머니였다. 가까이 오시자마자 아들의 멱살을 쥐시더니 따귀를 연달아 때리고는 잡아 흔드시는 게 아닌가? 아이는 아무 말 없이 항상 그랬다는 듯 조용히 맞고 또 맞았다. 순식간에 일어난 일이라 말릴 틈도 없었다. 어머니를 진정시켜 드리고 상황을 정리해 드렸지만, 어머니의 화난 눈은 어린 자식의 고개 숙인 머리를 향했다. 손을 잡아 이끌며 집으로 끌고 가시는 뒷모습에 너무 가슴이 아팠다. 하지만 뒤이어 말하는 다른 아이들의 소리에 더욱 놀라지 않을 수 없었다. "쟤. 집에 가면 아빠한테 몽둥이 부러질 때까지 맞아." 큰일이 나겠다 싶어서 센터장에게 전화를 걸어 문제가 커지지 않도록 아이 집에 전화라도 넣어 달라고 부탁했다. 일을 마치고 귀가하는 길 내내 가슴이 아프고 눈물이 났다. 필자도 성장기 때 하루도 빼놓지 않고 술에 만취한 아버지의 폭력에 한이 맺힐 정도로 상처가 났기 때문이었다. 어릴 때 저항하지도 못하고 맞아야 하는 이유를 누구도 설명해 주지 못했다.

  성인이면, 부모면 자기 자식 마음대로 때리고 욕해도 되는 걸까? 그 아이를 때리고 잡아 흔들던 어머니의 얼굴은 매우 말라 보였고 생기도 없었으며 우울감이 가득했다. 미간과 입에 힘이 잔뜩 들어가서 분노의 감정을, 입꼬리 구각이 역궁형(복주구)으로 내려가 있어서 실망감, 외로움, 고집 등이 가득 차 있음을 알 수 있었다. 얼굴의 표정근은 웬만해서는 이완되질 않는다. 근섬유가 당기는 속성을 가지고 있는데 미는 힘이 없기 때문에 인생을 살며 자꾸자꾸 힘이 들어가고 긴장되어 강화된다. 이때 해당 표정근이 행복과 즐거움의 감정을 나타내는 것이라면 훨씬 행복 가득한 생을 살 것이고, 불행과 분노 또는 고통의 감정에 해당하는 근육이라면 인생 내내 불행이 지배할 것이다. 그 아이도 불쌍하고 그 어머니도 불쌍했다. 어느덧 3개월이 다 되어 가며 마지막 수업이 다가왔다. 정이 들 만큼 든 지역아동센터의 아이들에게 무언가를 해 주고 싶어서 자비를 털어 짜장면과 치킨을 맘껏 먹을 수 있게 했다. 환호성을 지르며 입안 가득 짜장면과 치킨을 먹는 아이들의 모습을 보고 있자니 또 눈물이 앞을 가려 뒤돌아서 있을 수밖에 없었다. 부디 바르게, 행복하게 성장하기를 바라며 말이다. 그 3개월의 교육프로그램 이름을 '반딧불이'라 지었다. 작은 불빛이지만 어둠을 밝히는 소중한 아이들로 성장하길 기원하는 마음에서 지어진 이름이다. 매우 오래된 기억을 꺼내어 하나의 사례로 들어 보았다. 얼굴분석행동심리학에서 '어린이 얼굴분석심리'라는 과목이 있는데 성장기 때 미성년자들의 재능과 심리 성향 등을 보는 유용한 도구이다. 반딧불이 아이들 하나하나 마음속 상처가 있었고, 하나하나 나름의 재능이 있었으며, 하나하나 꿈을 가지고 있었다. 바른 어른이라면 바른 얼굴을 하고 살아야 한다. 그게 바른 마음, 아름다운 마음을 보여 주는 지표가 될 테니 말이다.

6. 밥 사 주니 계약서에 사인하는 사업가 K 씨

　사람은 오감의 지배를 받는다. 시각과 청각은 보고 들으면서 뇌로 정보를 집어넣고, 미각과 후각은 먹고 향기에 취하며 몸을 건강하게 한다. 촉각은 몸의 위험과 행복을 구분하여 느끼게 해 준다. 이 오감이 모두 모여 있는 유일한 곳이 바로 '얼굴'이다. 십수 년 전, 중요한 계약이 하나 있었다. 금액 단위도 컸고 이후의 사업연계도 중요했던 터라 심사숙고했던 것으로 기억한다. 필자는 습관적으로 누군가를 만나기 전에 상대방의 얼굴 사진을 찾아 심리성향분석을 한다. 결정에 관한 판단을 이성적으로 하는 사람과 감성적으로 하는 유형이 있는데 이를 얼굴로 미리 분석해 놓으면 설득이 매우 쉬워진다. 해당 계약자인 K 씨를 만나기 전, 충분한 분석을 마쳤다. 눈이 크고, 속눈썹이 길며, 안구의 눈물샘이 발달하여 눈가가 촉촉했다. 신장과 심장은 좋은 편이나 허리뼈와 골반이 약간 틀어져서 허리디스크 또는 무릎과 발의 건강문제도 유추할 수 있었다. 구레나룻에 잔털이 많고, 귀는 두툼하면서 넓었다. 인중도 적당히 넓고, 입술이 두껍고, 웃을 때 윗잇몸이 보이는 형이었다. 얼굴 십자계측선으로 PV분석을 해 보니 본능적 성향과 심리적 유약함, 분위기에 따라 답이 달라지는 유형에 속했다. 더욱이 몸의 본능에 충실하다 보니 수면욕, 성욕, 식욕 등이 왕성하여 그 욕구를 충족시켜 주는 것이 관건이라는 판단이 들었다. 약속한 시간이 되어 고급 식당의 조용한 룸에서 미팅이 시작됐다. K 씨는 뭔가 서둘러 사업 이야기와 계약 건에 대한 것을 꺼내려 했는데 필자는 오히려 여유를 두고 식사하며 말하자고 제안했다. 잠시 뒤 맛있는 음식들과 향기가 실내를 뒤덮었다. 음식은 입으로 먼저 먹으며 느끼는 게 아니다. 눈으로 음식을 보면 뇌에서 과거의 비슷한 음식에 대한 경험 감각의 기억을 꺼낸다. 그 후 침이 고이게 하여 기대심리를 높인 다음 향기를 맡으며 음식을 먹게 되는데 이때 기존 회상했던 기억의 음식과 대조했을 때 맛이 덜하면 현재의 음식이 맛없다고 느끼게 된다. 반대로 기존 기억보다 더 맛있거나 비슷하다면 맛있는 만족감으로 나타낼 것이다. 얼굴분석으로 식습관까지 다 정확히 알아내기는 힘들다. 주변 환경과 경험에 따라 선호하는 음식이 결정되기 때문. 어찌 됐든 식사를 하며 K 씨의 얼굴을 마이크로 익스프레션(순간의 미세표정 변화 리딩 기법) 테크닉으로 읽어 보았다. 음식을 입에 넣는 순간 잠시 좌우 눈썹이 상향으로 0.1초가량 올라갔다. 혀를 굴리며 입안에서 씹는 저작근의 운동 형태를 보니 미식가가 맞았다. 우리의 얼굴은 행복 또는 긍정일 때 근육이 바깥쪽과 위쪽으로 향하고, 불행이나 고통 또는 거절일 때는 가운데로 모이거나 아래로 향하게 되는 심리 표정근의 원칙이 있다. 그분에겐 매우 흥미롭고 만족스러운 맛이었나 보다. 이래서 중요한 계약이 이루어질 땐 검증된 맛집이 중요하다. 계약에 대한 타이밍은 언제로 잡아야 할까? 음식을 2/3 정도 먹어 갈 때이다. 왜냐하면, 맛은 맨 처음의 임팩트가 제일 강하고 만족감도 제일 높은데 포만감은 약간의 시간이 지나야 찾아오기 때문이다. 맛있게 먹어 가며 포만감이 조금 찾아오려 할 때 K 씨의 뇌에 긴장의 혈액이 위와 장의 소화기계로 옮겨 간다. 그렇게 되면 이성적 판단이 아니라 본능적 판단을 하게 만들 수 있다. 이미 몸에서 만족하고 있으니 뇌에서는 행복 호르몬이라고 불리는 세로토닌(감정, 수면 신경전달물질)이 분비되어 긍정과 편안함을 유도해 준다. 세로토닌이 단백질 함유량이 높은 음식들로 연결되니 메뉴 선정에도 신경 써 보자. 이 타이밍에 전략적인 설득의 스피치로 계약 내용을 제시하게 되면 어렵지 않게 큰 건도 성공시킬 수 있다. 그날의 계약도 당연히 미리 준비한 PV얼굴분석과 고급 식당, 타이밍의 조화로 성공적 계약을 끌어낼 수 있었다. 비즈니스얼굴분석은 사람의 심리를 읽고 원하는 니즈를 충족해 주어 내가 원하는 결과를 끌어내는 도구로 활용하면 최상의 도구가 될 것이다.

부록:
셀프 얼굴분석 진단표

아래의 얼굴분석심리 진단표는 매우 간단한 수준의 테스트로 쓰이니, 보다 심도 있는 분석상담을 원하시는 독자들은 '얼굴분석행동심리학회 QR코드'를 통해 회원가입을 하시어 더 많은 정보를 얻어 가시기 바랍니다.

FACE ANALYSIS BEHAVIORAL PSYCHOLOGY

셀프 얼굴분석 점수표

자신의 정면, 측면 얼굴을 정확히 촬영한 후
아래의 문항들을 자신의 얼굴과 대조해 보며 체크하시기 바랍니다.
얼굴의 점수는 심리, 건강, 운세의 흐름을
객관적으로 분석하는 데 도움을 줍니다.

번호	문항
1	나는 좌우 눈의 크기가 다르다.
2	나는 양쪽 눈썹의 모양, 크기, 높이 중 하나 이상 다르다.
3	나는 코가 좌 또는 우로 삐뚤어져 있다.
4	나는 코의 좌우 팔자주름(법령)의 길이나 형태가 다르다.
5	나는 양쪽 귀의 높이 또는 모양과 크기 중 하나 이상 다르다.
6	나는 양쪽 입 꼬리(구각)의 높이가 다르다.
7	나는 입술 또는 치아가 너무 나왔거나 들어갔다.
8	나는 입술이 너무 두껍거나 너무 얇다.
9	나는 이마의 머리카락 라인이 삐뚤거리거나 대칭이 아니다.
10	나는 이마에 주름이 여기저기 짧게 끊어져 있다.
11	나는 턱이 너무 나와 있거나 너무 들어가 있다.
12	나는 얼굴에 흉, 여드름 또는 피부가 너무 좋지 않다.
13	나는 치아가 고르지 않거나 문제가 있다.
14	나는 얼굴에 점이 많다.
15	나는 붓거나 살이 찐 얼굴이다.

얼굴 점수표 설명

- 200점 만점이며 해당사항에 따라 점수를 차감하여 계산합니다.
- 심리, 건강, 유전 등을 살피는 테스트입니다.
- 보다 자세한 분석은 얼굴분석상담사를 통해 받으시기 바랍니다.
- 180~200점: 매우 뛰어난 얼굴입니다.
- 140~175점: 조금 신경 써야 할 얼굴입니다.
- 100~135점: 상담을 받아 보시길 권장합니다.
- 100점 이하: 매우 좋지 않으니 상담 필수입니다.

> 총 200점에서 -로 점수를 빼서 계산.
>
> 매우 그렇다 -10점
> 조금 그렇다 -5점
> 아니다 0점
>
> 기본점수 50점 보유.

[학회 QR코드]

F.A.B.P.S_
얼굴분석행동심리학회
http://www.uacon.co.kr

[특강 및 자격증과정 안내]

얼굴분석행동심리학회에서는 전국적으로 얼굴분석심리 관련 특강을 진행하고 있습니다.

각 지역별 전문 교수진이 활동하고 있으며, 수강자의 레벨에 따라 교육 수준을 조절하여 진행합니다. 특강 강연, 자격증 과정 운영, 강사 및 교수 양성과정 운영 등 다양한 과정과 전문적 커리큘럼을 운영하고 있으니 홈페이지와 책을 참조하시기 바랍니다.

전국 교육문의는 홈페이지 상담 및 문의를 활용하시기 바랍니다.

독자 여러분들의 행복과 비즈니스 성공을 기원합니다.